1

Copyright © 2014 **GIORGIO PANNUNZIO**

Opera pubblicata e distribuita da: **Lulu Press**
3101 Hillsborough St, Raleigh
North Carolina (USA)

www.lulu.com

Seconda Edizione Marzo 2014

ISBN 978-1-291-79012-2

FEDERICO DE ROBERTO

SAGGI DI GUERRA

Introduzione e note a cura di Giorgio Pannunzio

INDICE

INTRODUZIONE

Dare di nuovo alle stampe i saggi bellici derobertiani, sia pure per escerti e privilegiando il dato letterario e filosofico, non è certo opera semplice[1]. Ostano sia il livello composito di questa tardiva produzione saggistica, sia una certa tendenza – posta in essere anche dai mezzi di comunicazione di massa e oggi prevalente – a privilegiare il De Roberto romanziere e novelliere piuttosto che il giornalista di terza pagina. Sul De Roberto elzevirista e traduttore ha detto qualificate parole Sarah Zappulla Muscarà, ma il suo acuto studio – per ovvie e comprensibilissime ragioni – non toccava che di sfuggita e assai marginalmente la produzione derobertiana del periodo bellico[2]. La risposta è presto detta: mancava un'edizione moderna dei saggi scritti fra il 1915 e il 1920[3], secondo il principio logico per cui la montagna da scalare era troppo alta, troppi i riferimenti da chiarire (soprattutto nelle recensioni che si occupavano del primo Ottocento) e – infine – non facile la decisione se pubblicare quegli articoli per intero oppure operare una scelta, affidandosi al criterio, pur sempre soggettivo, di chi eventualmente li editasse. Sicché quella produzione, che pur si riteneva avesse un suo precipuo valore, rimaneva relegata nel dimenticatoio, senza offrire alcuna apprezzabile prospettiva di ricerca. Ci si è decisi a cimentarsi in questa piccola impresa dopo un'esitazione durata troppi anni: a far venir meno gli ultimi dubbi è stata l'uscita, da qualche mese, del bel volume in cui vengono nuovamente edite le novelle di guerra derobertiane[4], che pur non essendo narratologicamente del tutto affini ai testi qui pubblicati, ne appaiono come una sicura estensione e una spiegazione, dando esito – anche stavolta – a quella dicotomia "scrittore"/"ideologo" così tipica fra gli autori del verismo. Intrapresa l'opera, si tornava al quesito iniziale: pubblicare l'intero "corpus" o operare una scelta? Si è preferita la seconda ipotesi, principalmente perché, al di là di quella che lo Zago chiama "posa letteraria"[5], è bensì vero che il valore degli scritti derobertiani successivi all'entrata in guerra dell'Italia è perlomeno diseguale. Accanto alle novelle di guerra, pur non tutte di prim'ordine, si hanno una serie di scritti di tipo essenzialmente propagandistico, che mettono sì in evidenza la profonda preparazione dello scrittore su tematiche storico-politiche (e gli interessi in quel senso erano sempre stati importanti[6]), ma lasciano spazio a tirate retoriche o posizioni di principio che senza dubbio non facilitano un'analisi complessiva della sua produzione terminale. E allora, partendo dall'assunto che il De Roberto fu soprattutto un intellettuale dedito all'analisi dei fenomeni filosofici e letterari, si è scelto di individuare, in questa produzione bellica e post-bellica, solo quei saggi e quelle recensioni che avessero attinenza con gli interessi precipui del De Roberto, trascurando altresì quegli scritti che, vuoi per un'eccessiva dose di retorica patriottarda, vuoi perché trattano argomenti di strategia e politica militare, non hanno alcun accenno a questioni di tipo letterario o umanistico. Nell'opinione degli studiosi che hanno analizzato, sia pure di sfuggita, il problema, si ravvisa una sostanziale dicotomia: da un lato, c'era chi, come ad esempio il Di Grado e la Cavalli Pasini, pur non esaltando le due raccolte di saggi bellici, giudicava sbagliata la posizione di chi le relegasse, per usare un espressione dello stesso Di Grado, "al rango di disimpegnate divagazioni"[7]; su un altro versante si pongono, tra gli altri, lo Zago e la Zappulla Muscarà . Il primo ritiene che questi articoli siano soprattutto un "documento [...] di un gusto di lettore onnivoro, di una variegata curiosità intellettuale, di un saggismo che altrove sa diventare racconto critico, ma che qui è tutto risolto in scrupolosa e troppo pedissequa parafrasi del testo o dei testi esaminati"[8]. La studiosa catanese, per parte sua e analizzandoli come prove di critica letteraria, ritiene i saggi d'epoca bellica "poco significativi"[9]. Un "tertius terminus", in tale questione, può infine esser rappresentato dal Di Nola, che si è marginalmente interessato della produzione saggistica di guerra nell'ambito del suo studio sui rapporti fra De Roberto e la Francia[10] e che ne ha parlato in relazione al rapporto fra lo scrittore siciliano e gli autori francesi affrontati nei saggi[11], senza dare giudizi definitivi. Chi scrive, ovviamente, propende per una soluzione intermedia, che non trascuri gli elementi di ripetitività nei testi studiati, ma che ne metta in evidenza – sotto una diversa prospettiva di tipo sostanzialmente semasiologico – l'importanza che essi rivestono nel cammino ideologico e creativo dell'ultimo De Roberto. A tale scopo, la cernita ha privilegiato i saggi contenuti ne Al rombo del cannone, vuoi per la loro maggiore letterarietà, vuoi perché la seconda raccolta non ha che due soli "exempla" importanti, due saggi su Clemenceau e Wilson che destano qualche fondato interrogativo in ordine ad un secondo livello della scrittura derobertiana. A questo punto, e menzionati due "padri della vittoria" (l'appellativo fu riservato al solo Clemenceau, ma potrebbe essere esteso senz'altro al presidente degli Stati Uniti, dato l'apporto fondamentale che gli U.S.A. offrirono nelle ultime fasi del conflitto), c'è da chiedersi dove si ponga, in De Roberto, il limite fra letteratura e propaganda e se siano fondate le opinioni di coloro che trovano un qualche afflato positivo (perché anticipatore degli esiti della scrittura espressionistica, ma su questo si è già espresso il mio dissenso[12]) solo nella produzione novellistica. Da questo punto di partenza, o d'arrivo (se lo si vede in un'ottica diversa) si dipana la silloge che segue[13]. Un ultimo avvertimento: i testi derobertiani sono stati pubblicati così come vennero editi nei due volumi che li raccolsero in ultima istanza (con i puntini di sospensione variabili, l'altrettanto variabile uso delle maiuscole dopo i punti interrogativi ed esclamativi, etc.), fatti salvi alcuni evidenti refusi che sono stati prontamente corretti. Gli articoli in questione, in questa forma definitiva, mostravano in tal veste quale fosse la suprema volontà dell'autore. Chi scrive ha pensato fosse giusto rispettarla.

Giorgio Pannunzio

Il Protocollo della "Giovine Italia".

La regia Commissione preposta all'edizione nazionale degli *Scritti* di Giuseppe Mazzini ha licenziato da qualche tempo, in appendice alle opere edite e inedite del grande Genovese, il primo volume di un *Protocollo della "Giovine Italia"*[14], del quale, probabilmente per causa della guerra, non si parla quanto e come si dovrebbe, con poca giustizia, in verità; poiché, se la nuova storia della Patria richiama oggi tutti i nostri pensieri, non è distrarsi il meditare anche quella di ieri, dalle cui pagine escono voci di calda esortazione e di severo ammonimento degnissime d'ascolto nelle circostanze attuali.

I.

Che cosa sia questo *Protocollo*, una bellissima introduzione al sontuoso volume, copiosamente e perspicuamente annotato, spiega con molta diligenza. Dopo il fallimento della spedizione di Savoia e durante gli anni che corsero da quell'infelice tentativo al 1839, Giuseppe Mazzini patì un turbamento profondo. "A torto od a ragione", il mal esito era stato a lui addossato: "quanti conosci fra i migliori", scriveva egli stesso a Nicola Fabrizi[15], "m'hanno lasciato: ridono di tutto: mi dicono matto, alcuni e degli intimi – ambizioso, e per questo ho operato, dicono, con istrepito. Alcuni coprono il mutamento colla misantropia: altri collo scetticismo o col Don Giovannismo[16]: altri si contentano di formulare la impossibilità di fare: altri in fondo vogliono vivere e godere: tutti sono individualisti, che hanno recitalo – in buona fede o no – la parte di poeti, di patriotti, di entusiasti, finché hanno sperato di vincere. Quando avranno veduto che la nostra era una teorica di dovere, che bisognava far della vita una continua battaglia anche con la certezza di non vincere se non dopo morti, hanno voltato le spalle.... Da qualche scritto in fuori da me, per ora, non attendete cosa alcuna. Duole a me il dirlo quanto non puoi credere, perché la mia vita va via e non vedo via neppur di morire a mio modo; ma v'illuderei se parlassi altrimenti. Son solo, sfornito di tutti i mezzi: costretto a lavorare per pane, e nella incredulità che mi circonda fo molto – non che propagarle di cercare di ridurle ad atto – s'io serbo intatte le mie credenze". Ma nell'uomo di pensiero e d'azione, nell'uomo che faceva della vita una "credenza in azione", la forza della fede doveva presto vincere e fugare i dubbii, le diffidenze, gli sconforti, e produrre un nuovo, più alto slancio operoso. Per lo studio della psicologia del Maestro questa crisi è delle più istruttive. Come al Fabrizi, egli descrive al Melegari[17] l'abbandono nel quale è rimasto, le delusioni sofferte, la perdita "di ogni senso di vita individuale, d'ogni potenza di gioia, d'ogni capacità di sentire o sperare un'ombra di felicità"; "ma d'altra parte," afferma immediatamente, lontano dal cadere nella misantropia quanto alle azioni, mi sento più fermo che mai, più deciso che mai a giovare – se mi s'affacciassero mezzi – all'Italia futura. Vivrò e morrò, lo spero almeno, per essa. Sicché qualunque sfogo io t'accenni sugli uomini e sulle cose d'oggi, non accusarmi di debolezza, nè di mutamento. Le cose e gli uomini, comunque m'appaiano, possono oprare sulla mia vita intima e sul mio cuore, tormentandolo: non mai sulle mie azioni, nè sull'adempimento de' doveri, de' quali il cenno viene a me da più alta cosa che non è il presente: Dio e il cuore, la tradizione dell'Umanità e la mia coscienza...". E di lì a poco l'uomo che aveva negato ogni fiducia "nella generazione vivente in Italia", riprendeva "con proposito deliberato, incrollabile, quasi feroce, il lavoro della *Giovine Italia*.... Perché la *Giovine Italia* non esiste più? perché un'Associazione giurata per un intento gigantesco, giurata ora e sempre, giurata con promessa esplicita di consacrare pensieri ed azioni a ottenere vittoria o martirio, si è sciolta dopo il primo tentativo fallito, come se avesse compito la propria missione? Dopo un primo tentativo fallito, quando noi sul principio c'eravamo levati più su degli altri, a un'idea religiosa? quando avevamo dichiarato voler fare più di tutte le associazioni passate? quando avevamo accusato e osato e promesso tanto da esigere sforzi e costanza da Titani per non meritare la derisione? Or che mai è mutato? lo Stato d'Italia? la santità dello scopo? la nostra credenza nella potenza italiana? no: non ha mutato che la nostra credenza nella volontà italiana: bene; non avrebbe questa ad essere ragione di moltiplicare gli sforzi per farla nascere?...". E la volontà sua, dell'agitatore, del suscitatore, dell'apostolo, si tende, s'afforza, ricomincia ad operare, energicamente, magnificamente, "senza calcolo di tempo ne di riescita".

Il proponimento di ricostituire l'associazione ideata nella fortezza di Savona sul cadere del 1830 e fondata l'anno appresso in Marsiglia, è ora partecipato, oltre che al Fabrizi e al Melegari, anche ad altri fidi, tra i quali Giuseppe Lamberti[18]. Non volendo iniziare una cosa nuova, "ossia una forma nuova", l'esule diffonde da Londra l'*Istruzione generale* concepita come quella di dieci anni innanzi, tranne un accenno alla *Giovine Europa* sorta nel frattempo a Berna. Come la prima volta, anche ora il sodalizio sarà composto di *Congreghe* da istituire nei varii paesi, dalle quali dipenderanno gli Ordinatori incaricati di reclutare gl'iniziati. E negli Stati Uniti e nell'America meridionale le sezioni sono facilmente formate; non così in Francia, dove, per esser convenuti la maggior parte dei proscritti e degli emigrati del 1821, del '31 e del '33, se si trovano molti fedeli discepoli del Mazzini, vi sono anche parecchi di coloro che sentono diversamente da lui, i liberali moderati sul tipo del Mamiani[19] e di Pier Silvestro Leopardi[20], i fautori del progresso "omeopatico".

II.

Prima che la sezione parigina avesse vita, fin dal 15 maggio del precedente anno 1840, il Lamberti aveva cominciato a tenere il registro della corrispondenza epistolare, notandovi, riassumendovi e in buona parte trascrivendovi tutte le lettere ricevute e spedite. Di questo libro pochi avevano notizia, pochissimi avevano visto l'autografo ed una copia infedele. L'originale, portato in Italia dal Lamberti al suo ritorno in patria, nel 1848, fu probabilmente da lui donato, insieme con gran parte delle lettere del Mazzini, all'amica del Maestro, Giuditta Sidoli[21]; certo è che pervenne agli eredi di lei e che da costoro l'acquistò il Re Umberto, il quale volle che fosse custodito nella sua privata libreria di Torino. Sua Maestà Vittorio Emanuele III, quando la Commissione mazziniana deliberò di pubblicare il prezioso manoscritto, concesse che fosse portato a Roma e dispose che potesse essere consultato con la maggiore agevolezza. Ora se ne è pubblicato il primo volume, che comprende il registro del carteggio di due anni e mezzo, dal 15 maggio 1840 al 20 dicembre 1842. Se le lettere del Mazzini erano già note, per essere state integralmente raccolte nei volumi dell'Epistolario – due sole riescono nuove e mancano negli autografi della raccolta Nathan[22] – le risposte del Lamberti le completano e illuminano. E i sunti delle centinaia di lettere degli altri ed agli altri – Domenico Barberis[23], il condannato alla forca insieme col Mazzini e il Berghini[24]; Federico Campanella[25], l'attivissimo ordinatore della Congrega di Marsiglia; Carlo Bianco[26], capo di quella centrale del Belgio; Angelo Fucci[27], altro operoso ordinatore; Lorenzo Lesti[28], esule del '31; Giacomo Ciani[29], l'editore che diffondeva da Lugano gli scritti dei patriotti; Felice Foresti[30], il liberato dallo Spielberg; Edmo Francia[31], attivissimo corrispondente livornese che comunicava al Lamberti le poesie inedite del Giusti più volte pubblicate nel giornale della Società; Gaetano Moreali[32], arrestato nel '21 per aver diffuso un proclama in latino ai soldati ungheresi invitandoli a non combattere contro un popolo che difendeva la propria libertà, condannato poi a 10 anni di galera dal Tribunale statario di Rubiera e morto tisico in carcere; Giuseppe Zacheroni[33], segretario dell'Assemblea dei Notabili a Bologna nel '31: Pietro Fontana Rava[34], condannato nel '21 a vent'anni di ferri, collaboratore del Mazzini nella ricostituzione della *Giovine Italia* a Lione; Natale Danesi[35], ordinatore dell'Associazione nell'Algeria; Giuseppe Pieri[36], il futuro complice di Felice Orsini[37]; Lorenzo Ranco, collaboratore all'*Italiano*[38]; Giambattista Cuneo[39], esule in America, fedelissimo ai principii mazziniani; Gaetano Fedriani[40], cospiratore in Genova con Garibaldi nel '31; Teodoro Dallari[41], compagno di prigionia del Fabrizi in Modena nel '31 – i sunti di tante centinaia di lettere formano una vera miniera di preziose notizie. La vita di quei giorni fortunosi vi è risuscitata, con le sue ansie, le sue speranze, i suoi disinganni. A considerare il corso preso dagli avvenimenti, si scoprono gli errori della politica, le sviste dell'opinione pubblica. Una parte dei liberali d'Italia si ripromettevano salute da Massimiliano di Leuchtenberg, figlio del viceré Eugenio di Beauharnais, particolarmente dopo il suo matrimonio con una Granduchessa russa[42]: a Milano si formava una società appositamente per favorire le rivendicazioni di quel principe! Altri facevano ancora assegnamento sui Borboni d'Italia e finanche di Spagna. Guglielmo Pepe[43], come Adolfo Thiers[44], voleva creare Re costituzionale di tutta la Penisola il sovrano delle Due Sicilie; Giacomo Antonini[45] aspettava una discesa spagnuola sulle coste sicule o napolitane e credeva nell'azione liberale del principe Leopoldo. Ma gl'*Indipendenti* di Sicilia chiedevano che la loro isola formasse un regno a parte, e quindi il Mazzini ricusava loro la cooperazione della *Giovine Italia* per il movimento che essi preparavano a Palermo due anni dopo quello scoppiato in Aquila.... Le sorti della Polonia stavano anch'esse a cuore ai patriotti, e di esuli polacchi – il Gordaszewski[46], che aveva preso parte alla spedizione di Savoia; il Dybowski[47], ingaggiatosi nella colonna polacca che doveva concorrere alla seconda spedizione, e divenuto intimo del Mazzini; il famoso profeta Towianski[48], per il quale i suoi connazionali erano "impazziti" – di questi o di altri esuli il *Protocollo* dà notizie e lettere.

Ma le pagine dove sono riferiti i propositi, i consigli, le intenzioni, le mosse dei cospiratori italiani, dove sono trascritte le cifre dei loro magri bilanci, degli oboli raggranellati per la gran causa o ricavati dalla vendila dell'*Apostolato popolare* – il giornale dell'Associazione che costava 5 soldi per chi poteva spendere, ma che si dava per 3 agli operai – non si possono leggere senza commozione. Il Mazzini non si contentava questa volta di avere con sè gl'intellettuali: voleva anche acquistar proseliti nel popolo, scendendo in mezzo ad esso. "È cosa che non abbiamo mai fatta e che faremo" – e che fece; e Giuseppe Lamberti, diligentissimo interprete del Maestro, gli scriveva da Parigi per dolersi che gli operai italiani fossero, "mescolati nel Comunismo", che non avessero confidenza negli emigrati "aristocratici", che andassero da loro soltanto quando ne avevano bisogno: per guadagnarli alla causa nazionale, scriveva, "bisognerebbe esser a contatto con loro nelle loro fucine". Fin da allora c'era chi, movendo dal santo precetto che gli uomini debbono considerarsi ed amarsi come fratelli, presumeva che la patria dovesse posporsi al genere umano; ma al Mazzini, apostolo delle nazionalità, il Lamberti riferiva d'aver predicato: "Bisogna che siamo Italiani prima d'essere Umanitarii".

Non era possibile conseguire l'Unità, il grande scopo, il supremo dei beni, senza l'unione, e grave al cuore del Mazzini, increscioso sopra ogni altra cosa, riusciva il dissidio prodottosi sin dall'inizio, quando uno dei primissimi confidenti ai quali egli aveva partecipato il proposito di risuscitare la *Giovine Italia*, lo stesso Nicola Fabrizi gli si era opposto fino allo scisma. Per l'esule modenese, l'antica associazione aveva compiuto il proprio ufficio ed era quindi vano e pericoloso tentare di richiamarla in vita. Essa aveva bensì contribuito a formar l'animo dei cittadini, ma occorreva ora armarne il braccio: quindi egli proponeva che le forze liberali militanti si raccogliessero intorno ad una nuova bandiera: quella della *Legione italica*. Per il Mazzini, invece, nel quale l'azione non era qualche cosa di opposto al pensiero, o di diverso da esso, bensì lo stesso "pensiero realizzato", questo distinguere fra la mente e la mano, fra la parola e la spada, era voler fondare una specie di dualismo, "a un dipresso il sistema delle caste indiane, dove, agli uomini d'una era dato esclusivamente il pensiero, all'altra il valor militare". Ma il Fabrizi insisteva tanto nella sua idea, e tanto si era affezionato alla *Legione,* da opporre un rifiuto alla proposta di fonderla con la risorta *Giovine Italia;* ostinazione per la quale il Maestro pronunziava contro di lui una specie d'interdetto e manifestava un "rigore" che parve "troppo" al mite e conciliante Lamberti.

Sennonché anche Manfredo Fanti[49], di risposta all'annunzio della resurrezione della *Giovine Italia,* partecipava al Mazzini, dalla Spagna, di essersi legato al Fabrizi "nella parte esecutiva"; ed un altro esule di cui il Maestro aveva stima, che giudicava "buono, attivo, *giovine* anche in illusioni", Francesco Vitali[50], scriveva dalla Corsica al Lamberti per dirgli che reputava totalmente finita la missione della *Giovine Italia* "tanto come istitutrice che come cospiratrice", cioè tanto come strumento di propaganda morale che come fucina di forze operose. E il conte Giuseppe Ricciardi[51], nonostante la molta devozione al Maestro, pensava di fondare da canto suo una terza Società, un'*Italia Novella;* senza contare una *Lega lombarda,* senza contare i *Livellatori:* moltiplicazione che il Lamberti giudicava "rovina grande per l'Italia", e che al Mazzini doleva sommamente, come quella che poteva seminare "germi di federalismo" e "rompere l'unità". La parte assegnata alla *Giovine Italia* consisteva appunto nel "determinare una Unità di tendenze che promuova quando che sia l'Unità italiana". I dissensi, i contrasti, le divagazioni, le schermaglie non potevano far altro che giovare ai nemici: "Pensate che si va addietro terribilmente, che i giostri padroni se ne giovano a riconciliarsi con atti di clemenza in favor di molti, che l'Austria conquista più sempre pacificamente influenza, e che siamo infami verso il paese e verso i nostri giuramenti, se non cerchiamo di uscir di questo stato...".

Ed in Francia la causa nostra era discreditata dai *Vendicatori del Popolo*: altra società italiana formata a Nimes da emigrati che millantavano rapporti con la *Giovine Italia*, ma che erano invece, tranne alcuni illusi, gente sprovvista di senso morale, incappata anche nelle maglie della giustizia penale per un ricatto, a Montpellier, dove l'aula delle Assise echeggiava di tristi accuse contro l'Italia, "nazione degradata, popolo generalmente vizioso e criminale", la cui emigrazione portava in Francia "la demoralizzazione, il principio dell'assassinio, la corruzione della gioventù...."[52]. E queste accuse godevano di tanto credito oltr'Alpe, che quei giornali ricusavano di pubblicare le risposte e le difese degl'Italiani.... Non c'erano soltanto ricattatori fra i *Vendicatori del Popolo*: c'erano anche spie; ma il tradimento più nefando ordito contro la fiducia degli esuli e del loro Capo doveva esser quello dello sciagurato Partesotti, intorno al quale il *Protocollo*, e particolarmente la nutrita appendice, ha pagine che fanno fremere.

III.

Attraverso tali difficoltà, tali ostacoli e tali insidie si veniva compiendo l'opera del Mazzini. Bene a ragione Giuseppe Lamberti scriveva sulla prima pagina di questo suo libro: "Mia corrispondenza della Giovine Italia: documento che proverà la costanza, gli sforzi, i sacrifizi di Giuseppe Mazzini per far libera, una, indipendente l'Italia". Se la figura del Maestro vi campeggia in tutto il suo splendore impareggiabile, anche i discepoli vi appariscono in nuova luce, gli illustri e gli umili, i celebri e i dimenticati. Come epigrafe di tutta l'opera si potrebbero mettere in evidenza le stesse parole indirizzate dal Mazzini al suo fedele segretario il 31 maggio del 1841: "Chi pensa veramente alla felicità e all'onor della patria, non può trascurare, quantunque minime, quelle cose che tendono a tale altissimo scopo"; perché, se pure molte delle notizie che si attingono da questi fogli appartengono più all'umile cronaca che alla storia togata, nulla è trascurabile di quanto concerne la laboriosa, indefessa, mirabile preparazione del Risorgimento. "Se gli sforzi", soggiungeva il Precursore, e potrebbe soggiungere l'epigrafe, "se gli sforzi che promettiamo fare unitamente a voi od a tutti gli altri buoni, otterranno pure, come speriamo, il nobile scopo che ci siamo proposto, verrà un giorno che la posterità riconoscente avrà in riverenza i vostri nomi, come quelli a' quali nè lontananza, nè tempo, nè ostacoli, nè sventure d'ogni maniera hanno potuto mai sterpare dal cuore la santa carità del proprio paese".

31 gennaio 1917.

Italia e Grecia nelle lettere di Giorgio Byron.

Presentata da una breve prefazione di Giorgio Clemenceau[53] e curata da Giovanni Delachaume[54], è apparsa or ora a Parigi la versione francese di una parte dell'epistolario di Lord Byron[55]. Bene è che queste lettere siano, grazie alla nuova veste, accessibili anche al gran pubblico che ignora la lingua nella quale furono composte, perché la figura dell'autore vi si rivela con quella singolare evidenza che Ippolito Taine aveva già avvertita. "Il suo diario, il suo epistolario, tutta la sua prosa involontaria", scriveva del cantore di *Childe Harold* lo studioso della *Storia della letteratura inglese*, "è come fremente di spirito, di collera, d'entusiasmo; il grido della sensazione vibra nelle minime parole; dopo il Saint-Simon non si erano più viste confidenze più vive. Tutti gli stili sembrano opachi e tutte le anime sembrano inerti a paragone del suo stile e dell'anima sua".

Non s'intende, in verità, da quale criterio il Delachaume sia stato guidato nello scegliere le centosessantacinque lettere di questa raccolta fra le molte centinaia comprese nella corrispondenza epistolare del poeta; certo, le presenti sono molto significative; ma altre anche più notevoli erano degne d'essere tradotte. Comunque, la buona intelligenza del testo, l'eleganza della versione e la molta conoscenza della biografia byroniana meriterebbero ampie lodi a questa fatica, se non vi si dovesse lamentare una poco perdonabile ignoranza delle cose nostre. Come si sa, e come questo volume apprende a chi non ne avesse notizia, il Byron fu conoscitore amantissimo della lingua, della letteratura e della vita italiana; in Dante, nel Tasso, in molti altri temi dell'arte e della storia nostra cercò e trovò l'ispirazione; alla traduzione del *Morgante maggiore*, "la miglior cosa ch'io abbia mai fatta", si accinse con gran fervore, "per imporre silenzio agli Arlecchini d'Inghilterra" che lo accusavano d'irriverenza in materia di religione, dimostrando loro, col poema del Pulci, "ciò che era permesso in un paese cattolico ed in una età bigotta". Orbene: il *Morgante maggiore*, per opera del Delachaume, muta sesso e diventa *La Morgante maggiore*.... Ancora: scrivendo un giorno al suo editore Murray[56], Giorgio Byron espresse l'opinione che il *Ricciardetto* "si sarebbe dovuto tradurre letteralmente, o non tradurre del tutto"; e il Delachaume annota: *Ricciardetto*, poema cavalieresco in 30 canti di Fonteguerri...."[57]. Poniamo che questo sia uno svarione tipografico; c'è dell'altro. Il Byron innamorato dell'idioma gentile, "soave latino bastardo che si strugge come baci in bocca femminea, che fluisce come se si dovesse scriverlo sopra serica stoffa, con sillabe dalle quali traspira tutta la dolcezza meridionale, con vocali carezzose, scorrenti e fuse così bene che neanche un solo accento riesce stridente", il Byron, dunque, con tanto amore per la lingua nostra, adopera spessissimo, in queste sue lettere familiari, frasi e parole italiane che il Delachaume lascia accortamente intatte; soltanto, quando vuole riferire ai lettori francesi il significato di "seccatura", spiega: *"Seccatura* signifie séeheresse, stérilité....".

I.

Fatte queste osservazioni al traduttore, qualche altra è da muovere al presentatore dell'elegante volume. Nella prima pagina del quale il Clemenceau parla del "romanticismo importuno che vela l'ardente sincerità della vita del poeta". E certo il romanticismo del Byron può essere giudicato importuno ora che quello stato d'animo è superato, e che per certi aspetti riesce anche incomprensibile; ma dire che esso menoma la "sincerità" dello scrittore e dell'uomo non pare plausibile, quando di quell'arte e di quella vita fu anzi il segno predominante e l'essenziale carattere. Molte prove si potrebbero addurne, se oggi che il mondo è tinto di sanguigno[58], e che il nostro paese si trova impegnato in tanta guerra, non convenisse restringersi ad una sola: quella che non distoglierà la nostra attenzione dalla grande tragedia europea nè dalla causa nazionale italiana, che anzi ad entrambe si riferisce. Perché, infatti, tra gli altri atteggiamenti di quel romanticismo del quale il Clemenceau lamenta l'importunità, ve ne fu anche uno politico, e riuscì tanto opportuno allora, che è ancora oggi opportunissimo, avendo i romantici dato l'esempio della ribellione non solamente alla tirannia dei retori classici, ma anche a quella dei despotici reggitori degli Stati, per propugnare la libertà dei popoli e l'indipendenza delle nazioni. I problemi allora posti, e più tardi parzialmente risolti, aspettano dal presente regolamento di conti una soluzione più radicale, ed il Byron italofilo ed austrofobo quando la patria nostra era una semplice espressione geografica, significò questi suoi sentimenti con argomenti degnissimi d'essere ai nostri giorni riletti e meditati.

Afferma il Clemenceau che se Lord Byron non amò i Francesi, "non si può dire che avesse maggior simpatia per gli Italiani". Nella prefazione di un volume dove si riferisce la voce secondo la quale il poeta avrebbe, come i Dogi veneziani, celebrato le sue nozze con l'onda adriatica, l'affermazione riesce alquanto stupefacente. Dobbiamo proprio citare tutte le pagine nelle quali lo scrittore inglese ci significa il suo favore? Tralasciamo i giudizii sulle città italiane, su Milano "impressionante", su Venezia che è stata, dopo l'Oriente, "la più verde isola della mia immaginazione" e dove vorrebbe morire[59], su Roma "la Meravigliosa", che vince "la Grecia, Costantinopoli, tutto, tutto quanto, almeno, ho visto finora". Si può, infatti, ammirare un paese senza stimarne gli abitanti – distinzione che il Byron farà in un altro viaggio. Lasciamo anche da parte le lodi tributate all'Alfieri, al Pindemonte, al Foscolo, ad altri grandi Italiani del suo tempo, per i quali potrebbe aver fallo altrettante eccezioni. Ma al Moore[60], che lo invita in Francia, dichiara: "Mi piacerebbe molto prendere la mia parte del vostro *champagne* e del vostro *laffitte*, ma sono troppo italiano per Parigi", e soggiunge di lì a poco: "Tutti i miei piaceri e tutti i miei tormenti sono italiani.... Ho vissuto nell'intimità degl'Italiani, sono stato testimonio delle loro speranze, dei loro timori, delle loro passioni; le ho condivise: *pars magna fui*....". Si potrebbe aggiungere dell'altro: basteranno per tutte le quattro righe della lettera del 28 settembre 1820 al Murray:

"Gl'imbecilli che scrivono sull'Italia mi costringono a dar loro una clamorosa smentita. Parlano degli assassinii; ma che cosa è l'assassinio, se non l'origine del duello ed una *giustizia selvaggia*, come Bacone lo definisce? È la fonte del punto d'onore moderno, là dove le leggi non possono o non vogliono colpire....". Ecco dunque: nella sua simpatia per la nostra gente il poeta arrivava a giustificare ciò che altri, non senza qualche ragione, le rimproverava: la frequenza dei delitti di sangue e la facilità a farsi giustizia da sé!... Agli occhi degli uomini nordici, nati e cresciuti nella concezione e nella disciplina protestante, il cattolicismo dei nostri paesi suole anche riuscire antipatico: e il Byron dichiara invece al suo amico Hoppner, da Ravenna, di voler educare nella religione cattolica la figliuoletta per la quale ha trovato nella nostra lingua il nome di Allegra.

Vero è che talvolta egli si lasciò sfuggire qualche nota di biasimo sulla "rilassatezza" regnante nei costumi italiani a quei tempi; ma, prima di tutto, l'autore del *Don Giovanni* perdette il diritto di condannarla, dal momento che se ne giovò – e riconobbe del resto egli stesso di averne perduto il diritto –; in secondo luogo, anche avvertendo la differenza tra la "morale meridionale" e l'anglo-sassone, egli trovò che se gl'Italiani erano più "appassionati" – e voleva dire, e disse in un'altra occasione, più "incontinenti" degl'Inglesi, attribuì a costoro meno "delicatezza" e meno "pudore". Ma questo fu ancora più bello e più degno, da parte sua. e questo merita d'essere oggi ripetuto: che dell'Italia egli compianse le sciagure e proclamò i diritti e fece sue le ragioni.

II.

Nato nella più alta aristocrazia, orgoglioso del suo nome e del suo titolo, Lord Byron si venne sottraendo a tutte le concezioni tradizionali nella sua casta e nel suo paese. "Ho semplificato la mia politica", scrive nel 1813: "essa consiste nel detestare a morte tutti i governi esistenti". Ammiratore, in un primo tempo, di Napoleone e di Murat, definisce "trattato di pace e di tirannia" quello che chiude nel 1814, col trionfo della Coalizione, le guerre della Rivoluzione e dell'Impero. "Il popolo lombardo-veneto", scrive nel 1818 al Moore, "è forse il più oppresso d'Europa". Nella primavera del 1820, al nuovo fremito di libertà che corre per la Penisola, narra al Murray, dalla commossa Ravenna: "Gli affari spagnuoli e francesi hanno messo gl'Italiani in fermento: troppo a lungo essi sono stati calpestati. Riescirà uno spettacolo triste ai vostri squisiti viaggiatori" – è superfluo avvertire l'ironica intonazione di queste parole – "ma non per chi risiede nel paese e ne desidera naturalmente il risorgimento. Io resterò, se i cittadini me lo consentiranno, per vedere ciò che avverrà, e forse per fare un giro con loro in caso di bisogno, come Dugald Dalgetty" – il soldato di ventura di Walter Scott[61] – "perché lo spettacolo degli Italiani ricaccianti nelle loro tane i barbari d'ogni paese sarà il momento più interessante della mia vita. Ho vissuto abbastanza fra loro da sentirmi affezionato a questa nazione più che ad ogni altra, ma" – la riserva fu sciaguratamente vera allora e per qualche tempo ancora – "ma difettano d'unione e di direzione, e dubito che riescano. Tuttavia è probabile che facciano la prova, e se la faranno sarà per una buona causa. Nessun Italiano può odiare un Austriaco quanto l'odio io stesso: la razza austriaca mi pare la più detestabile che si trovi sotto la cappa del cielo, dopo la inglese....".

Non accade qui fermarsi sulle ragioni che fecero il Byron nemico dei suoi proprii connazionali, nè distinguere per quanta parte il suo odio contro l'Inghilterra fosse sincero e giustificato, e per quant'altra ostentato e mentito: preme ora vedere con quali frementi parole e con quanto animosi proponimenti egli parla della nostra causa durante la crisi del 1820-21. "Ci batteremo un poco", scrive al Murray da Ravenna il 31 agosto del 1820, "nel mese entrante, se gli Unni non traverseranno il Po, ed anche se lo traverseranno. Non posso dire di più per il momento.... Una volta che si sarà cominciato, ci si batterà da selvaggi, siatene certo. Il coraggio proviene nel Francese dalla vanità, nel Tedesco dalla flemma, nel Turco dal fanatismo e dall'oppio, nello Spagnuolo dall'alterigia, nell'Inglese dalla freddezza, nell'Austriaco dalla testardaggine, nel Russo dall'insensibilità, ma nell'Italiano dalla collera: vedrete quindi che non risparmieranno nulla....". Il 21 febbraio 1821, alla notizia dell'avanzata austriaca, scrive al Murray: "I barbari marciano su Napoli, e se perderanno una sola battaglia tutta l'Italia insorgerà. Alla prima loro disfatta si ripeterà ciò che avvenne in Ispagna. Aperte, le lettere? Certo, che sono aperte: ed è questa appunto la ragione per la quale io spiattello sempre la mia opinione su coteste canaglie di Tedeschi ed Austriaci: non c'è Italiano che li odii al pari di me, e tutto quanto potrò fare per liberare l'Italia e la terra intera dalla loro infame oppressione, sarà fatto *con amore* (in italiano nel testo)". Il 3 aprile, disanimato dalle cattive notizie, dichiara al console Hoppner: "Non parlo di politica, perché quest'argomento mi sembra disperato finché si consentirà a coteste canaglie di tiranneggiare i popoli e di privarli dell'indipendenza". Il 25 dello stesso mese confessa allo Shelley che "quest'ultima disfatta degli Italiani mi ha totalmente deluso per molte ragioni generali e private".

Le ragioni generali consistettero nel suo fervore per la libertà, nella sete di giustizia, nella passione per tutte le nobili cause; le ragioni private furono il legame contratto con la Guiccioli[62], l'amicizia che lo stringeva ai parenti di lei e ad altre famiglie italiane; ma la delusione e la sfiducia che lo invadono hanno una causa più profonda: dipendono dallo stesso suo temperamento che dà subite ed alle vampe di entusiasmo troppo rapidamente ridotto in cenere, che lo rende incapace di proporzionare gli atti agli scopi ed i giudizii ai fatti, e che gli detta sentenze scettiche e sarcasmi di discutibile gusto. Ecco: i moti italiani sono falliti a Napoli, a Palermo, in Piemonte, e la reazione trionfa: un altro che non fosse come lui tanto pronto alle speranze e alle disperazioni, troverebbe nello stesso abbattimento nuova forza e nuova fede: egli scrive lì per lì al Moore: "È impossibile che siate stato più disingannato di me, ed anche tanto ingannato", e soggiunge una volgarità che sarebbe imperdonabile, se nella stessa lettera non avesse cominciato con l'affermare che "nè il tempo nè le circostanze muteranno mai nè il tono delle mie parole nè i miei sentimenti d'indignazione contro la tirannide trionfante"; se non avesse scritto altrove, nelle pagine del *Diario*: "Si dice che i Barbari d'Austria stanno per venire. Lupi! Cani d'inferno! Speriamo ancora di poter vedere le loro ossa accatastate!...", se non avesse dichiarato: "Bello morire per l'indipendenza italiana!" e se non avesse aggiunto i fatti alle parole, aderendo alla Carboneria, armando del suo fanti e cavalieri, animando i timidi e affrontando egli stesso la sua parte di pericoli.

III.

Scoccata di lì a poco l'ora della resurrezione ellenica, egli si da tutto a questa nuova causa. "La Grecia è stata sempre per me ciò che dev'essere per quanti hanno sentimento e cultura: la terra promessa del valore, delle arti e della libertà: il tempo che passai in gioventù a viaggiare tra le sue rovine non ha per nulla scemato l'affezione che porto alla patria degli eroi....". Durante il primo viaggio, a dire il vero, egli aveva dato un giudizio un poco diverso. "Amo i Greci", aveva scritto al Drury[63] nel maggio del 1810: "sono ammirevoli furfanti – *rascals* nel testo – con tutti i vizii dei Turchi e senza il loro coraggio....". Nondimeno, egli corre a patrocinare ardentemente la loro causa. Il 7 luglio 1823 annunzia che porterà seco laggiù, in denaro e lettere di credito, da otto a novemila sterline; cinque mesi dopo ha già largito al governo greco duecentomila piastre, "senza contare i doni complementari alle vedove, agli orfani dei rifugiati ed ai vagabondi d'ogni sorta"; e intanto ha ordinato al suo banchiere di anticipargli le rendite del 1824, di vendere anche la casa di Rochdale per poter profondere altre somme nell'insurrezione e nella guerra, e reclama a gran voce i diritti d'autore sul *Werner* perché, se anche sono poca cosa, "con trecento sterline potrò mantenere cento uomini armati durante tre mesi". Quando ode che i Greci non si battono, o che si battono male, che "accettano i fucili, ma gettano via le baionette, e sono molto indisciplinati", si raffredda; ma poi riprende a dare senza "rincrescimento" il suo denaro, apprendendo che ricominciano a combattere. E da qualche cosa di più che il denaro, spende tutta l'attività del corpo e dello spirito, si accinge ad offrire la vita.

La bellezza della causa affascina l'anima sua di poeta, il risorgimento dell'ellenismo gli pare davvero capace di rigenerare l'umanità. Nè la poesia lo ha mai appagato come semplice sentimento, come pura forma: si è anzi dato a comporre versi in mancanza di meglio, giudicando che la gloria poetica non vale la pena di essere ambita. "Che cosa è un poeta? Che cosa vale? Che fa?... È un parolaio....". Andando a morire per la Grecia, egli traduce dunque ancora una volta l'intenzione in azione, aggiunge l'esempio alla predicazione; ma non sarebbe quello che è, amante dei contrasti, ricercatore delle antitesi attorno a sé e dentro di sé, a volta a volta e spesso ad un tempo apatico e appassionato, misantropo e caritatevole, idealista e cinico, ingenuo ed affettato, se anche durante questa partita suprema, in cui la posta è la sua stessa esistenza, lo scetticismo e l'ironia non gli prendessero la mano. "Vi raccomando ancora una volta di impinguare la mia cassaforte ed i miei crediti, cavando il miglior partito possibile da tutti i mezzi legali che sono in mio potere; perché, insomma, vai meglio giocare alle nazioni che scommettere alle corse....".

Conviene soggiungere che anche un motivo esteriore e concreto lo spinge allo scetticismo: la poca virtù appunto, della quale la Grecia dà prova. I figli di lei sono in preda a dissensi che egli si propone di sedare e comporre, sapendo purtroppo che "nè l'una cosa nè l'altra è agevole....". Da Cefalonia scrive direttamente ai governanti: "Sono pervenute fino a noi voci di nuove contese; che dico? di guerra civile! Auguro con tutto il cuore che siano false od esagerate, perché non riesco ad immaginare più grave calamità....". Sciaguratamente le voci sono vere. "Le ultime notizie ci apprendono che non vi sono soltanto dissensi in Morea, ma che la guerra civile vi regna.... Il colonnello Napier[64] vi narrerà il recente e specialissimo intervento degli Dei in favore degli Elleni, che sembra non abbiano nè in terra nè in cielo nemico più temibile della loro discordia intestina.... Se riuscirò soltanto a riconciliare i due partiti (e muovo cielo e terra a questo scopo) sarà molto; altrimenti dovremo percorrere la Morea con i Greci dell'ovest, che sono i più coraggiosi e forti, e tentare l'effetto di consigli *fisici* se continueranno a respingere la persuasione morale....".

Queste parole fanno anche oggi pensare. In un'altra lettera al principe Maurocordato[65] egli scrive: "La Grecia è posta fra tre partiti: o riconquistare la sua libertà, o assoggettarsi ai sovrani d'Europa, o ridiventare provincia turca. Non c'è altra scelta fuori di queste tre soluzioni. La guerra civile non servirà ad altro che a preparare le due ultime. Se la Grecia desidera la stessa sorte della Valacchia e della Crimea, potrà ottenerla domani; quella dell'Italia, posdomani; ma se vuol essere veramente libera e indipendente, deve decidersi oggi, o non ne troverà mai più l'occasione....". Se il poeta potesse vedere ciò che accadde dopo di lui e ciò che accade ora delle due nazioni allora lottanti per la loro redenzione, non proporrebbe più il destino dell'Italia alla Grecia come esiziale e schivabile: potrebbe invece ripetere le parole rivolte con vero senso profetico al Governo ellenico il 30 novembre del 1823: "Debbo francamente confessare che se non si ristabilisse l'unione e l'ordine, i Greci perderebbero in gran parte, se non totalmente, l'aiuto che potrebbero aspettarsi di ricevere dall'estero. E ciò che peggio è, le grandi potenze europee, delle quali non una sola era nemica della Grecia, che anzi parevano favorire il suo ordinamento in nazione indipendente, resterebbero persuase che i Greci sono incapaci di governarsi da sé, e forse darebbero allora mano a metter fine alle vostre dispute in modo da distruggere le vostre più brillanti speranze e quelle dei vostri amici....".

25 decembre 1916.

Un profeta del pangermanesimo: Edgardo Quinet.

Mathieu de Mirampal, al tempo della Rivoluzione francese, propose di far viaggiare gli adolescenti in Germania, "per ritardare, grazie ai rigori del clima, l'età della pubertà"[66]. La stravaganza del consiglio, e quella dei molti contemporanei giudizii intorno all'indole delle popolazioni teutoniche, può dare un'idea della ignoranza degli scrittori che li proferirono. Un giorno ci si mise una scrittrice, colei che fu chiamala Imperatrice del Pensiero per far dispetto a Napoleone Bonaparte, Imperatore di Francia – e l'*Allemagne* della signora di Staël riuscì un'apologia, anzi un'apoteosi. Il bello fu questo: che gli stessi Tedeschi non vi si riconobbero, e dissero che l'autrice "nulla ha visto, nulla ha udito, nulla ha capito….".

Corinna meritò quest'accoglienza, perché non fu sincera: ella esaltò la Germania per combattere Napoleone che l'aveva sottoposta. E mentre il suo libro era male accolto tra le genti che portava al cielo, lo applaudirono invece, con gran calore, quegli stessi Francesi che festeggiarono le truppe della coalizione accampate a Parigi nel 1814. Perché Bonaparte era stato dispotico, quei cittadini dimenticarono che nel despota, intanto, era impersonata la patria, e in odio a lui gioirono della disfatta, e accettarono come articoli di fede le lodi tributate dalla Staël ai loro secolari nemici.

È vecchia sentenza che la passione acceca. E la passione politica continuò ad offuscare la vista dei Francesi durante la Restaurazione ed al tempo della monarchia di Luglio; per il disagio sofferto sotto quei regimi, gli spiriti insofferenti si volsero a cercare oggetti di ammirazione oltre confine. Il romanticismo letterario contribuì anch'esso a mettere in voga i costumi alemanni; gli stessi progressi compiuti dalla scienza tedesca accrebbero quel fervore, a segno che il Michelet[67] scriveva nel 1823: "la *mia* Germania, il *mio* Lutero, il *mio* Grimm" – e non chiamava suo Giambattista Vico, a cui doveva pur tanto, e di cui aveva tradotto l'opera. Un altro giovane scrittore amico del Michelet e destinato anch'egli alla celebrità – Edgardo Quinet – si recava tre volte in Germania con l'ardore d'un pellegrino, sposava una Tedesca, chiamava "nostra" Eidelberga, e leggendo e traducendo e presentando ai suoi connazionali la *Filosofia della storia del genere umano*, dichiarava d'aver trovato nel libro tedesco una fonte inesauribile di consolazione e di gioia: "mai, no, mai mi è accaduto di chiuderlo senza avere un'idea più nobile della missione dell'uomo su questa terra; mai, senza credere più profondamente al regno della giustizia e della ragione; mai, senza sentirmi più devoto alla libertà, alla mia patria, e più capace di buone azioni".

I.

Quel filosofo esordiente sarebbe rimasto molto stupito se gli avessero detto che il suo entusiasmo per la Germania avrebbe, di lì a poco, dato luogo ad un sentimento molto diverso. La prima impressione di doccia fredda fu da lui provata quando, innamoratosi di Minna More e scambiata con lei la promessa nuziale, conobbe da vicino i fratelli della sposa, Tedeschi fanatici, inconciliabili nemici della Francia, i quali indussero la giovanotta a ritirare la parola data. Molto penosa fu la crisi del disinganno, ma potè essere superata, e qualche anno dopo Minna sposò Edgardo, e lo rese felice; ma il velo attraverso il quale egli aveva visto la patria di Arminio gli era intanto caduto dagli occhi: egli si guardò intorno, prestò attentamente l'orecchio, e vide e udì ciò che a tutti gli osservatori sfuggiva allora, e doveva ancora sfuggire per lungo ordine d'armi: "segni in fondo alle cose, come un mormorio che partiva non si sa donde, indistinto e indefinibile; conversazioni rare, parole interrotte, improvvisi entusiasmi che scoppiavano e svanivano come lampi: la grandezza della Germania".

Paolo Gautier, raccogliendo oggi tutti gli articoli nei quali, dal 1831 al 1870. il Quinet avvertì la Francia di ciò che si preparava nell'animo della nazione rivale, ci dà modo di apprezzare la singolare chiaroveggenza dello scrittore[68]. Mentre il popolo tedesco pareva ancora, come era parso a lui stesso nella prima fase dell'ammirazione, e come forse era stato in altri periodi della sua storia, contemplativo, meditabondo, rifuggente dalla realtà, incapace di passare dalle idee agli atti – "annegato nell'infinito", aveva detto la Staël – il Quinet colse i sintomi del mutamento, dell'orientazione dello spirito pubblico verso l'attività pratica e politica, dell'aspirazione all'unità nazionale, dell'ambizione di farsi largo nel mondo: sentimenti e movimenti già cosi profondi, "che non resta più a quel popolo se non afferrare la corona universale".

Queste parole sono del 1842. Undici anni innanzi, scrivendo al Michelet, Edgardo Quinet annunziava all'amico che le cose erano molto mutate in Germania dacché entrambi avevano lasciato quel paese, "e l'unità tedesca si prepara in modo così minaccioso, che non ho resistito al bisogno di descriverne i progressi inevitabili". Nella sua descrizione – un articolo intitolato: La Germania e la Rivoluzione – il Quinet nota che l'antica imparzialità e serenità, che l'apatia politica e la tendenza al cosmopolitismo hanno dato luogo in Germania ad una "nazionalità irritabile e collerica"; che la libertà non è tra i più urgenti bisogni di quel popolo; che il partito democratico, ed anche il demagogico, hanno fatto pace col Governo della Prussia dopo che questo ha dato al paese ciò di cui esso è ora cupido: "l'azione, la vita reale, l'iniziativa sociale", appagando "il repentino infatuamento per la potenza e per la forza materiale". Tra i governati e i governanti "c'è una secreta intesa per rimandare l'avvento della libertà e mettere in comune l'ambizione di conseguire la fortuna di Federico II". Il dispotismo prussiano è più minaccioso dell'austriaco, perché non risiede soltanto nel Governo, "ma nel paese, nel popolo, nei costumi e nel portamento da parvenu dello spirito nazionale". Benché preparati ad apprezzare l'efficacia delle idee, i Francesi si sono addormentali per quanto concerne "il moto dell'intelligenza e del genio tedesco": lo ammirano ingenuamente, credendolo immune dall'ambizione "di passare dalle coscienze nelle volontà, dalle volontà agli atti, e di aspirare alla potenza sociale ed alla forza politica". Ma ecco: quelle idee che dovevano restare incorporee "fanno come tutte le altre idee apparse nel mondo, e si sollevano contro di noi con tutto il destino d'una razza, e questa razza si pone sotto la dittatura di un popolo – il prussiano – non già più illuminato, ma più avido, più ardente, più esigente, meglio addestrato agli affari. Essa gli affida le sue ambizioni, i suoi rancori, le sue rapine, le sue astuzie, la sua diplomazia, la sua gloria, la sua forza.... La Germania è dunque intenta oggi a sostituire, come suo agente, la Prussia all'impero d'Austria? Sì: e se sarà lasciata fare, la spingerà lentamente, da tergo, all'assassinio del vecchio regno di Francia".

Scritte nel 1831, queste parole tolsero il riso al Michelet, come confessò egli stesso, "per dieci anni". Al loro paragone, le pagine sull'*Arte in Germania*, composte l'anno appresso, fanno meno impressione, ma sono anch'esse degne di nota, perché l'ansia dello scrittore cerca e trova più sottili ma non meno fondate ragioni d'inquietudine nella stessa attività fantastica del popolo nemico. Finora, in Germania, l'arte è stata senza patina; il più grande scrittore tedesco, Volfango Goethe, si è mantenuto superiore a questa come a tutte le altre passioni umane; ma già i buoni cittadini sono sconcertati dalla sua olimpica impassibilità; già i nuovi artisti, nella musica, nella pittura, in poesia, si accostano al popolo, attingono alle tradizioni, celebrano i fasti della razza. Se Uhland è "il Béranger tedesco"[69], Goerres[70] ha ricevuto la missione di gettare una volta per sempre nell'arena la massa inerte della Germania e di scatenare il mostro": quel Goerres che, per punire l'infedeltà commessa dall'Alsazia nel farsi francese, proponeva di bruciare la cattedrale di Strasburgo eretta nel secolo XV dal genio tedesco, e di lasciare intatta la sola guglia "per l'eterna vendetta dei popoli germanici".

II.

Più il Quinet conosce la Germania nuova, più ne diffida. Nel quinto articolo, composto nel 1836, egli denunzia il dissolvimento dell'antico spiritualismo tedesco, ammonisce la Francia di non rappresentarsi la rivale "come un Eden popolato da poeti, e l'intera nazione come la Bella addormentala nel bosco: immagine vera cinquantanni addietro, ora non più". La Giovine Germania ha "scoperto" che l'uomo è di carne e d'ossa, e si è quindi messa a sciogliere inni al corpo. Ubbriacati dalle lodi che il mondo aveva loro tributate, i Tedeschi hanno preso coscienza di sé, e la febbre dell'orgoglio li ha assaliti. Ma, dopo la prima ebbrezza, si sono guardati attorno: hanno visto che il loro paese è chiuso, in terra, tra la Francia e la Russia, e che l'Inghilterra lo blocca dal mare. "Hanno cercato allora quale grande pensiero portassero in sé per rinnovare il mondo, e hanno trovato la teutomania...". La parola è pronunziata dal Quinet nel 1842, e gli serve per intitolare il nuovo articolo, nel quale l'autolatria, già entrata nel cuore della Germania prima ancora di aver conseguito l'unità politica ed ottenuto il predominio militare, è denunziata con parole gravi. Ma più gravi di tutte, veramente terribili, sono quelle che il polemista scrive dall'esilio, nel 1867, dopo Sadowa.

In questo nuovo studio, intitolato *Francia e Germania*, egli comincia con l'avvertire che la vittoria prussiana non è soltanto il segno d'una crisi, che è anzi la rivelazione "di un nuovo stato del mondo". L'unità tedesca non può più essere impedita da nessuno, ma essa non si viene conseguendo "con la giustizia e la libertà, bensì con l'ingiustizia e l'arbitrio". I Tedeschi sono ora convinti di aver conquistato il dominio degli spiriti in Europa, "e tengono per fermo che tutto emana da loro: scienza, poesia, arte, filosofia, e che il mondo è divenuto loro discepolo. A cotesta presunta sovranità che cosa manca ancora? La forza. Ecco che se ne sono, ora. impadroniti. Per loro, non c'è soltanto un impero di più nel mondo, è avvenuta senz'altro la sostituzione dell'era germanica all'èra dei popoli latini, relegati in un piano inferiore". Rivolto al popolo tedesco, lo scrittore francese gli fa osservare: "Fino ad oggi il dispotismo prussiano è stato violento, iniquo, ma non si è data la pena d'esser falso. Si è servito di armi palesi: l'audacia, la temerità, la sfida, senza avvelenarle con la menzogna, e la menzogna è quella che corrompe l'avvenire. Fin qui, dunque, il principio del diritto, della vita morale, può ancora essere restaurato e salvato. Ma badate che il momento decisivo non è ancora giunto. Sarà quello in cui cotesto dispotismo avrà bisogno di travestirsi, di mutar nome e linguaggio, di mettersi la maschera della libertà e della democrazia. Allora tutto minaccerà di falsarsi e snaturarsi. Che faranno quel giorno i Tedeschi? Sarà l'ora dei tranelli. Vogliono essi cadervi? Quando il dispotismo si travestirà da democrazia, la democrazia, sempre compiacente, sposerà il dispotismo? Se mai coteste nozze si celebreranno, dite per sempre addio a quanto avete conosciuto della vita tedesca: probità dell'intelligenza, acume, grandezza dello spirito, genio, gloria; tutto sparirà, tutto naufragherà nella confusione del bene e del male, del giusto o dell'ingiusto, del vero e del falso": avvenimento inevitabile, perché già "la democrazia tedesca si è riconciliata con chi la calpestava ". Non mancano i liberali, in quel paese, e credono anche d'esser padroni dell'avvenire; ma s'illudono. Non lasciano essi che l'unità della patria si compia con la violenza e le conquiste? Come possono dunque prometter nulla, dopo la fatalità a cui si rassegnano?" Se questa fatalità dovesse un giorno ripresentarsi, "nulla impedirà che essi vi si rassegnino con più filosofia e più pazienza".

Quando si pensa come i Tedeschi si accordarono nel volere la guerra, sembra propriamente che Edgardo Quinet abbia letto nell'avvenire. Ma non c'è in lui, come non c'è in nessun uomo, la capacità di antivedere il futuro: c'è soltanto, come bene avverte il Gautier, "un senso più intimo delle realtà e delle grandi leggi storiche che si governano". La riprova è questa: che quando lo studioso non tiene conto di tutti i fatti, o quando le leggi sono troppo complesse, le sue previsioni non riescono altrettanto sicure. Fin dal 1842, ad esempio, egli preannunziava l'alleanza franco-russa: "Gli scrittori tedeschi vogliono proprio inimicare i due paesi – Francia e Germania – trascurando di pensare che una sola stretta di mano della Francia e della Russia potrebbe bene, all'occorrenza, stringere oltre misura i fianchi di Teutonia?". Ma il Gautier, ponendo in evidenza l'accortezza di questo giudizio, non avverte che un altro ragionamento porta il Quinet ad una conclusione contraria: "Avete dimenticato che la Russia era con la Prussia e con la grande Germania a Lipsia? Ecco, senza parlare degli interessi comuni, il legame sacro tra loro....". Quando scrive queste parole, lo stesso Quinet ha dimenticato d'aver detto che la gran rivale della Germania è la Russia, perché – e qui ha indovinato – "i Tedeschi sono fatalmente attratti verso l'Oriente".

Queste ed altre esitazioni e contraddizioni sarebbero tuttavia trascurabili senza quelle che concernono il principale argomento delle indagini e delle inquietudini del pubblicista francese. Il quale, dopo avere denunziato con parole tanto concitate i pericoli dell'autocrazia prussiana inebbriata dalle sue fortune guerresche, scrive che "del resto, fra i Tedeschi, la gloria militare non degenera in superstizione, perché è dominata dalla gloria dei riformatori, dei poeti, degli artisti". Lutero, Goethe e Schiller, soggiunse, "passeranno sempre prima di Blücher[71]. Lo splendore dell'uniforme, che affascina gli altri popoli, non è la principale magia dall'altra parte del Reno". E allora egli stesso non teme più ciò che lo ha tanto spaventato: "Io posso dunque concepire un impero fondato sul fucile ad ago, e nondimeno incapace di far tutto consistere nel militarismo. Gli resterebbero, a suo dispetto, forze molto diverse da quelle della spada".

III.

La verità è che il Quinet aveva troppo amato la Germania, un tempo, perché potesse poi odiarla. La detestò certamente quando, tornato dall'esilio alla caduta del Secondo Impero, vide avverarsi la disfatta e la mutilazione della patria che egli aveva predette; ma, prima dello scempio, serbò sempre in cuore qualche cosa della fede nutrita negli anni più belli.

C'è anche nei suoi giudizii un errore, grave di conseguenze: quello di procedere per distinzioni troppo radicali fra popolo e popolo, di assegnare a ciascuno di essi qualità diverse e discordi, e funzioni separate ed opposte. E sapete, fra parentesi, in che cosa consisterebbe la parte dell'Italia? "L'Italia ha per sé la libertà dei costumi, la vita facile, la felicità e l'esaltazione dei sensi, la noncuranza prodotta dall'abitudine delle rovine; ella ha segnatamente al suo servizio l'arte, che dovunque altrove è uno sforzo, ed in lei istituzione divina e naturale". Faremmo torto al nobile scrittore se ci fermassimo su questa sentenza: non dimentichiamo la simpatia che egli accordò alla causa nostra, nè i rimproveri acerbi che mosse alla Francia di Napoleone III per averci abbandonati a Villafranca, nè l'esortazione che rivolse all'Austria, "di sollevare un momento la pesante zampa distesa sull'Italia". Ma, per tornare in argomento, tanto è ancora il credito da lui accordato alla Germania, che riconosce ai paesi di lingua tedesca il senso della felicità domestica, le cure della famiglia, la calma dei costumi tradizionali, la vita religiosa, la vocazione per la scienza. L'Inghilterra si distingue per l'industrialismo; l'America del Nord per il culto della libertà; alla Francia resta riservato l'istinto e l'istituto della civiltà: "da due secoli la Francia ha posto il suo destino nel farsi organo dominante della civiltà".

Ora, come non osservare che, precisamente per questa volontà di dominio, riuscita un giorno troppo molesta alle altre nazioni, tutta l'Europa si collegò contro la Francia, e che al "sole di Campoformio" tennero dietro le nebbie della Beresina e le tenebre di Waterloo? Dopo Napoleone I, scrive il Quinet, è divenuto impossibile che, "per la stessa causa", si scateni la "gran guerra, la guerra universale". E qui non cogliamo in fallo il profeta? La guerra universale, oggi, non si è scatenata per la *stessa* causa, avendo la Francia saviamente deposta l'ambizione di primeggiare, ma per una causa *simile*. "Da 15 anni" scrive il Quinet nel 1832, cioè dalla caduta del Primo Impero, "il posto della Francia resta vuoto: da 13 anni la corona della civiltà moderna si trascina con lei nel fango. Chiunque può raccattarla e prenderla a suo talento; non bisogna far altro che chinarsi: chi lo impedisce?...". Lo impedisce, appunto, una coalizione simile a quella formatasi contro l'impero napoleonico, e soltanto più vasta, perché più forte è il popolo che non ha resistito alla pericolosa tentazione di raccattare quella corona. Il mondo non è più disposto a tollerare che nessuno se la ponga in capo; nessuna benevolenza verso la civiltà da diritto ad egemonie. Lo stesso Quinet, con un'altra contraddizione che gli fa onore, dopo avere attribuito ad ogni nazione una parte distinta nel gran concerto umano, domanda a sé stesso: "Nel caos di opinioni, di idee, di poesia che si agita in ogni angolo d'Europa, come riconoscere l'elemento che ciascun popolo vi porta? Lo spiritualismo del Nord, il materialismo del Mezzogiorno, l'eguaglianza francese, l'industria inglese tendono a stabilirsi e coesistere ovunque contemporaneamente". Allora, che cosa concludere? Questo: che tra i voti – se non tra le profezie dello scrittore francese – il più bello, il più degno di avverarsi è che il Reno diventi un giorno "il fiume di alleanza dove si mescoleranno il genio della Francia e della Germania", e che una nuova guerra tra le due nazioni debba considerarsi, come in cuor suo egli già la considera, "guerra civile". Fino ad oggi – oggi più che mai – "il genere umano è stato in guerra con sé stesso". Composti i dissidii, cessata la solitudine dell'orgoglio", il posto degli uomini sia al focolare "non d'un popolo, ma dell'umanità".

1.° novembre 1917.

Romanzi di guerra.

I.

IL SENSO DELLA MORTE.

"Per me, ciò che si dice, ciò che si scrive, non ha interesse. Non capisco come in Francia, oggi, si possa pensare ad altro fuorché a battersi e a curare i feriti", osserva Caterina Ortègue nel nuovo romanzo di Paolo Bourget, significando con queste parole un sentimento non già particolare all'anima francese, bensì comune a tutte le genti coinvolte nella guerra mondiale. Ma se veramente i nostri non sono tempi propizii agli esercizi letterari, e se i letterati sciperano infatti dacchè operano i soldati, tanto più notevole è che l'autore di *Crudele enimma* e di *Menzogne*, del *Discepolo* e di *Andrea Cornelis*, abbia composto in questi giorni tremendi un'opera di fantasia.

Il lettore che vi si accostasse con l'idea di stornare le visioni cruente andrebbe incontro a un disinganno. Già il titolo dovrebbe avvisarlo: *Il Senso della morte* non promette scene gioconde od avventure erotiche. Le eroiche gesta dei difensori della patria vi sono evocate, ma non espressamente: il libro è scritto per narrare una battaglia morale. Paolo Bourget ha supposto che il dottor Marsal fosse zoppo dalla nascita per ispiegare come non sia corso alle trincee, ma quand'anche il personaggio godesse del perfetto uso di tutte le membra, altre ragioni potrebbero dispensarlo dal combattere armata mano. Prestando l'opera sua di sanitario nella clinica del professore Ortègue trasformata in ambulanza, egli già compie il dover suo; quando lascia il bisturi per la penna e riferisce il dramma di cui è stato testimonio, fa ancora cosa buona e degna. L'autore affida a lui la cronaca di un avvenimento e lo studio del problema che ne scaturisce: tragico avvenimento ed alto problema.

I.

Michel Ortègue, celebre chirurgo, operatore infallibile, insegnante illustre, sposa a quarantaquattro anni una giovinetta di venti. Positivista, materialista, assertore dei soli fatti che cadono sotto l'impero dei sensi, negatore d'ogni altra verità che non sia dimostrabile per via di esperimento, egli si vergogna di aver condisceso a contrarre il matrimonio religioso. Gli scrupoli della suocera gliel'hanno imposto, non già quelli della moglie: costei ne avrebbe anzi fatto a meno anche lei. Figlia e moglie di scienziati, Caterina è spregiudicata come il padre ed il marito. E del marito che potrebbe esserle padre la vediamo anche innamorata. La vediamo innamorata a segno che un giorno, quando Michel Ortègue, deperito e languente, scopre di avere un cancro allo stomaco, e quando anch'ella apprende l'orribile verità, restando esclusa per la stessa natura del male qualunque speranza di guarigione, volendo anzi l'infermo sottrarsi agli spasimi insopportabili mediante un veleno, ella gli offre di trangugiarlo insieme: patto accettato con gioia ineffabile e con infinita gratitudine, perché massima ed unica prova d'un amore forte come la morte.

La gioia dell'infermo è tanto più grande perché un dubbio si era insinuato nell'animo suo. Allo scoppio della guerra il tenente Ernesto La Gallic cugino di sua moglie, era apparso un momento nella clinica durante una breve missione militare, reduce dalla frontiera, diretto un'altra volta al campo, e il professore precocemente invecchiato a cinquantun anno, già in preda ai primi sintomi del male, più che mai scettico nell'anima, aveva temuto che il paragone col giovane soldato, bello e prode, ardente d'amor patrio e di fede in Dio, gli dovesse recare troppo pregiudizio. Se invece Caterina è ora pronta a morire con lui, non ha egli ragione di sentirsene assicurato e insuperbito? Non trionferà della vita, inducendo una giovane vita ad immolarsi per lui?...

Sennonchè ella ha promesso per compassione del sofferente, non per amore. Ha voluto alleviargli la pena atroce della morte a cui si sa condannato, ha voluto dargli un'ultima illusione ed un conforto estremo..... Improvvisamente il tenente torna alla clinica. Vi torna dentro una barella, gravemente ferito. Caterina, infermiera espertissima, si dà tutta all'ufficio pietoso; il professore, pur curando il ferito, ricomincia a provare più acuti i morsi della gelosia. Il suo tormento cresce a dismisura, ora che si sente attanagliare le viscere dal male senza perdono. Ma non ha egli la promessa della moglie? Non è veramente giunta l'ora di chiederne il mantenimento? Se Caterina dirà ancora di sì, se prenderà il veleno con lui, non vorrà dire che l'ama, che ama lui unicamente? Ella è infatti pronta al gran passo; ma egli non ne resta, come già un tempo, riconfortato. Ora i dubbii lo assalgono e assillano. Morirà ella per amore, o non piuttosto per punto d'onore, per non disdire la parola data?...

Questo, realmente, e non altro, è il sentimento di Caterina. L'eroismo del cugino ha trionfato dell'egoismo del marito. Ella è turbata sino alle radici dell'essere: come morire quando l'anima sua rifiorisce? Non osa dirlo, ma non può neanche nasconderlo del tutto: lo confida a un foglio di carta. Il dottor Marsal, conoscendo la decisione del duplice suicidio imminente, e dubitando della sincerità della donna, porta quel foglio al professore, per salvarla. Quando Ortègue legge la confessione non dà più in ismanie; una gran calma invade anzi il suo spirito. Ora egli sa, e l'accertamento della realtà, la nozione della verità, per un indagatore della sua tempra, per uno scienziato che non ha saputo nè voluto far altro fuorchè verificare i fatti, è già una gran cosa, è come la soddisfazione di un istinto irrefrenabile. Ma, con la luce, una nuova persuasione si compie in lui. Quando s'illudeva ancora sulla natura del sentimento e del consentimento di Caterina, egli poteva accettarne il sacrifizio; ora non più; permettere ora che ella muoia, dopo aver saputo che non è spinta dalla passione, dall'impossibilità di sopravvivergli, sapendo anzi che anela di vivere, sarebbe un assassinio. Egli non lo commetterà. Non solamente scioglierà la moglie dal patto di morte, ma al dottor Marsal che lo scongiura di non darsela, di sottoporsi anzi ad un'operazione per guadagnare qualche mese di vita, risponde acconsentendo.

Ha finto, ha mentito per esser lasciato solo. Quando Caterina, consolata dalle notizie recatele da Marsal, torna presso il marito, lo trova fulminato da un'infezione tossica. Allora anch'ella vuol morire: ma un altro moribondo al salva: il tenente La Gallic. Anch'egli ha concepito, suo malgrado, una tenerezza profonda, un amore inconfessato e inconfessabile per la cugina. Lo ha negato al marito geloso ed a sé stesso, ma lo spasimo prodotto in lui dal dramma di cui è stato spettatore ed attore ha esacerbato la sua ferita: sul punto di morire, alla vedova del suicida, alla donna secretamente amata, egli addita nel compimento del bene, nell'esercizio della carità, nella speranza di un'altra vita, il dovere di vivere.

II.

Tragico caso, egregiamente osservato nella persona di Michele Ortègue. Escludendo ogni finalità dall'universo, tutto facendo consistere nei fenomeni, riducendo la coscienza umana ad un epifenomeno, costui parla ed agisce secondo l'intima logica e la rigorosa necessità della natura sua. Sposare sulle soglie della vecchiezza una fanciulla, a giudizio dei suoi colleghi, una "pazzia"; si potrebbe anzi giudicare che fu vera colpa; ma quali scrupoli avrebbero potuto trattenerlo, se egli era ed è persuaso che non esistono altre leggi fuorchè quelle da cui il mondo fisico e l'organico sono governati? Amando la giovane, egli l'ha fatta sua; l'amor proprio gli ha lasciato credere che un uomo del suo valore può benissimo essere riamato, nonostante l'enorme differenza degli anni. Quando si sente affetto da una malattia mortale, accettare che sua moglie muoia con lui, gioire del patto, pretenderne la esecuzione, sono cose anch'esse, secondo lui, naturalissime; perché, in nome di quale principio, per virtù di quale precetto potrebbe egli rinunziare ad un sacrificio che è prova d'amore, che appaga la sua vanità, che lo farà segno all'invidia del mondo, che solletica così le sue passioni!... La mostruosa presunzione crolla ad un tratto, quando il dottor Marsal gli dà a leggere la carta dove Caterina ha significato il proprio rimpianto; crollata la presunzione, che cosa resta in quell'anima? L'egoismo è mortificato, insanabilmente; la morte è vicina, inevitabilmente; e perché vivere ancora un poco, finchè tutte le fibre saranno incancrenite, se nessuna forza morale aiuta a sopportare il dolore e se la morte è la distruzione totale dell'essere? Precipitarsi subito nel nulla: questo un uomo come l'Ortègue farebbe, e questo precisamente egli fa.

La condotta di Caterina non riesce persuasiva altrettanto. Per voler morire insieme col marito, ella dovrebbe amarlo di una passione immortale. Tale non è la sua. La sua passione è anzi definita "più immaginaria che reale". In mancanza dell'amore, la pietà, il bisogno di consolare l'agonia dell'uomo che l'ama, può indurla a consentire di avvelenarsi con lui; ma il suo è più che un consentimento chiesto ed ottenuto; è anzi un patto da lei stessa proposto, quasi imposto da lei: ella stessa esige che il marito le giuri di avvertirla quando avrà deciso di morire. Può bensì ella avergli tenuto questo linguaggio non potendo altrimenti dimostrargli che lo ama e dissipare i suoi dubbi, ma nell'atto che gli ha detto d'amarlo tanto, ha pure soggiunto: "T'amo.... Non so se è impossibile, se è insensato. So che è": parole che avrebbero potuto e dovuto aprire gli occhi ad un uomo meno accecato dall'amor proprio.

Altri fattori concorrono, è vero, a spiegare l'offerta di Caterina. Ella sente altamente, prova disgusto per le donne che passano dall'uno all'altro amore, vuol dimostrare a sé stessa d'essere rimasta fedele ad uno solo. Ora, turbata sino in fondo all'anima dalla vista del cugino, dell'eroe giacente sul letto di dolore, ella prevede di cadere nelle sue braccia se non morrà col marito. Dove sarebbe tuttavia il male? Perché il marito è condannato ed ha qualche mese di vita appena e poiché il cugino non è neanch'egli uomo da accontentarsi d'un amore libero e libertino, ma vorrà anzi sposarla, dopo il lutto vedovile, dinanzi al mondo ed a quel Dio nel quale fermissimamente crede, la coscienza di lei non dovrebbe dunque tremare. Dove è detto che neanche la morte possa restituire la libertà ad una creatura umana, quando ella stessa non si sente vincolata dalla sua propria passione? Caterina non ama più d'amore l'uomo a cui è unita, se pure lo ha mai amato così; ama il cugino, si sente amata da lui; e quando non ha da far altro che dar tempo al tempo, aspettare che il cancro, il male organico di cui nessuno è responsabile, compia l'opera sua, dovrebbe invece giudicare cosa naturale – cosa inevitabile – morire insieme col canceroso?

Quanto è inumano il patto, tanto umano è il pentimento. Logicamente, necessariamente, ella deve pentirsi e ribellarsi. Se suo marito ne prova tale disinganno da darsi tosto la morte, deve o soltanto può ella concepirne un rimorso che la risospinga al suicidio? Dov'è la sua responsabilità? Ella non ha fatto altro che scrivere per sé stessa il pensiero suo intimo: quello scritto le è portato via dal dottor Marsal; egli stesso, ad insaputa di lei, corre a presentarlo al professore. Chi può chiamarla a renderne conto? Certo, ella deve provare una ambascia acutissima nel veder morto il compagno della sua vita, l'uomo a cui aveva promesso di seguirlo sotterra: ma se di questa promessa si pentì, se questa idea le riuscì intollerabile, se la vita la riprese, e con essa l'amore e la speranza della gioia, può ella sentirsi sncora legata dall'orribile patto dinanzi ad un cadavere?... Quando il dottor Marsal, l'abate Courmont e più che altri il cugino di lei si propongono di strapparle di mano la boccetta del veleno e di persuaderla a vivere, si può antivedere che non dovranno durare molta fatica per riuscir nell'intento.

III.

Ciò non vieta che le parole con le quali Ernesto La Gallic le insegna la legge della vita e del dolore siano da meditare. Tutto, nella figura, nelle azioni, nei sentimenti di lui è logico e coerente, come - sebbene all'opposto polo del mondo morale - in quella di Michele Ortègue. Quanto è inveterato e quasi viscerale lo scetticismo di costui, tanto profonda, essenziale è la fede di Ernesto. L'urto delle due tendenze non può essere evitato: e questo contrasto è l'argomento sul quale Paolo Bourget ha voluto fermare l'attenzione del lettore. Dinanzi alla scomposta disperazione del professore monista, dinanzi alla sua intolleranza del dolore fisico che lo rende morfinomane ed aggrava così le sue condizioni organiche, dinanzi alla sua incapacità di sopportare il dolore morale, dinanzi all'incontinenza sentimentale che lo spinge a fare una scena di gelosia al ferito, al morente, lui morente, torturandosi e torturandolo, dinanzi alla fiacchezza dell'animo suo che lo induce a fuggire la vita prima del tempo, mentre ancora potrebbe, mentre ancora potrebbe salvare tante altre vite di soldati sanguinanti per la Patria – di fronte a questa insania la serenità di Ernesto La Gallic, la forza con la quale egli soffre e reprime la sua passione per Caterina, tacendola a lei e negandola a sé stesso; la bontà, l'indulgenza, la ragione che si oppone ai sarcasmi del frenetico sospettoso, la rassegnazione con la quale vede avvicinarsi la morte, l'eloquenza della sua fede nei destini dell'anima rifulgono ed ammoniscono.

Egli non trionfa effettivamente del rivale, non lo converte. Persuade la donna secretamente amata a vivere, ma nè l'impresa era molto ardua, nè Caterina è da lui rimessa sulla via della fede: al contrario, ella continua a dubitare. Molto agevolmente il Bourget avrebbe potuto mostrarla ricreduta. Fanciulla, costei era stata religiosissima; solo la disciplina scientifica del padre e del marito avevano potuto distoglierla dal sentimento del divino. L'eroe che ella ama, e che l'ama, potrebbe, morendo, restituirla alla Chiesa. Si può dire qualche cosa di più: l'ufficio di sostenere la necessità della preghiera non dovrebbe naturalmente essere conferito a lei, alla donna?

Se l'autore non ha fatto così, è segno che non ha voluto. Vi è dentro di lui come una specie di rivalità fra l'artista intento a rappresentare la vita e il moralista ansioso di diffondere un insegnamento. L'efficacia della sua opera d'arte può talvolta essere qua e là menomata dal preconcetto, ma l'artista prende tosto la sua rivincita. È lui quello che ha impedito a Ernesto La Gallic di operare conversioni. Michele Ortègue nega fino all'ultima sua ora, fino ad uccidersi, stoicamente, Caterina continua a dubitare. Ella accetta di vivere per gli altri, si prodiga ai sofferenti, sino all'esaurimento; ma ignora se le sarà tenuto conto, altrove, dell'opera sua. Talvolta lo spera; le pare talvolta che una voce le dica grazie; ma non sa da che parte le venga. Che importa, se l'opera è santa?

Ed il suo dubbio, più artistico – cioè più vero – è anche, senza paradosso, più persuasivo. La conversione potrebbe sembrare voluta, artifiziata, falsa; l'incertezza, invece, l'esitazione, l'interrogazione sono atteggiamenti proprii dello spirito umano. L'importante è che questi problemi lo occupino. Il merito di Paolo Bourget è quello di averli proposti oggi che il fiore della gioventù s'immola sull'altare della Patria, oggi che tutte le forze, tutti i valori morali devono essere chiamati a raccolta per la vittoria.

23 novembre 1915.

II.

LA FAMIGLIA VALADIER.

Leggere le prime pagine ed i primi capitoli delle *Heures de guerre de la Famille Valadier* di Abele Hermant è provare l'impressione che la guerra mondiale, o almeno quella dei Francesi contro i Tedeschi, sia finita da un pezzo. Sarebbe altrimenti possibile scherzare intorno all'argomento tremendo? Come trovar materia di sorriso e di riso nell'ora paurosa del pericolo, nell'ora sublime dell'olocausto? Chi avrebbe l'animo di indugiarsi a rilevare i lati comici della tragedia immane?... Quando udiamo il professore Valadier ordinare al figlio di staccare dal muro la cornice dove, "come una reliquia", è serbato un pezzetto di pane del 1870; quando vediamo il giovane Valadier, in costume di boy-scout, mettersi sull' "attenti", eseguire l'ordine "a passo accelerato", e porre "sotto il naso" dell'ospite, del narratore, "l'orribile crosticina che i suoi quarantaquattro anni d'età non hanno resa nè più nè meno appetitosa", noi pensiamo che anche la nuova guerra, durante la quale il professore recita un suo ingegnoso discorso sulla carestia del grano e la "virtù delle mortificazioni", ma confessa che "la mollica riesce mortale al suo stomaco dilatato", noi pensiamo che anche la guerra del Quattordici e del Quindici, come quella del Settanta, dev'esser passata al dominio della storia. Se fosse attuale, se in una parte notevole del territorio francese lo straniero restasse ancora accampato, se tutti gli sforzi della nazione fossero ancora intesi a scacciarlo, potrebbe il narratore riferirci che il suo personaggio, dopo la quotidiana variazione sul pane, udendo il quotidiano squillo di campanello annunziante l'arrivo della quotidiana gazzetta, si mette a cantare, sull'aria della *Bella Elena*[72]:

> *Ce coup de tonnerre*
> *Annonce à la terre,*
> *Un communiqué...?*

C'è veramente qualche passo nel quale il lettore prova quasi il bisogno di portar la mano agli occhi per accertarsi di non aver travisto o frainteso. L'umore e il buon umore del romanziere sembrano un'irriverenza, quasi una profanazione....

Quando si procede nella lettura l'impressione di anacronismo e di sconcerto si attenua: quando si voltano le ultime pagine è già vinta, cancellata, dispersa. Uno scrittore di professione, un lavoratore della penna, non avrebbe trovato difficoltà a comporre sulla guerra un romanzo con dentro una tesi, un libro di predicazione: patriottica, di propaganda nazionale; Abel Hermant ha composto invece la *Famiglia Valadier* perché così portava l'intima e singolare natura dell'ingegno suo. "Ai giorni che corrono", dichiara in un certo luogo, "tutto ciò che non è sincero mi riesce odioso". Si può aggiungere che non oggi soltanto, ma in ogni tempo la sincerità e doverosa ed amabile. L'ironico osservatore della vita, il delizioso autore di quei *Transatlantici* che non udremo più nella mirabile recitazione di Alberto Giovannini[73], non poteva smettere l'abito suo; anche avendone la possibilità gliene sarebbe mancala la ragione; perché, con la sua ironia, col suo umorismo, la *Famiglia Valadier* è anch'essa l'opera di un patriotta: opera d'arte dove le ragioni dell'arte sono rispettate, dove la moralità e l'insegnamento non sono inclusi con artificio, per forza, a furia di retorica, ma scaturiscono invece naturalmente come dalla stessa vita.

I.

I Valadier sono una famigliuola borghese composta del padre, della madre e di tre figli, tutti in preda alla passione del teatro. Ha cominciato la primogenita, Emma, entrando al Conservatorio drammatico ed uscendone premiata agli esami finali. Valadier padre, professore di storia afflitto dal nome di Arturo[74], non volendo ostacolare la vocazione della figliuola, ma sentendo incompatibile la dignità professionale con la qualità di genitore d'una commediante, ha lasciato l'insegnamento, ed a furia di udire e di leggere opere teatrali, parla e gestisce ora anch'egli come dalla ribalta. I due figli minori, Luciano e Luisa, familiarmente chiamati Lulù e Lili, contraggono il contagio a loro volta, e si tirano l'uno per attor comico, l'altra per attrice tragica. La signora Valadier, agli occhi della quale il marito è stato ed è un oracolo, incoraggia da parte sua quelle tre vocazioni ripromettendosene gloria e ricchezza, ed acquista intanto l'aspetto, il fare e le mosse del *madro*. In questa casa, subito dopo gli esami di Emma, e qualche settimana prima dello scoppio della guerra, ha cominciato a prendere i suoi pasti uno degli esaminatori della giovinetta, un autore drammatico, un prestanome dello stesso autore, il quale narra in prima persona ciò che vede e ode.

Egli ode giudizii politici e militari enunziati con grande sufficienza dall'ex-professore, come questo, ad esempio: che "l'assassinio dell'arciduca Francesco Ferdinando non potrà avere nessuna influenza sulla politica generale dell'Europa"; oppure come la risposta data con piglio severo al figliuolo che gli domanda se la Francia volerà in soccorso del Belgio: "No! La nostra generosità ce lo consiglierebbe; ma, per Dio! non facciamo i sentimentali! Siamo obbiettivi!...". Egoismo mentito, parte recitata: quando il brav'uomo apprende che l'esercito francese passa effettivamente dalla difesa all'attacco, ne concepisce tanta esultanza che si mette a spiegare il comunicato a chi vuole e a chi non vuole udirlo, finanche alla serva, "imperocché egli obbedisce al precetto borghese di non esser familiare con i servitori, ma si rammenta anche di Molière".

Prima della guerra, il giovane Lulù aveva i capelli biondi e portava abiti attillatissimi; allo scoppio delle ostilità si è trasformato in boy-scout collettore della Croce Rossa, e quantunque abbia appena diciassette anni, chiede di marciare come volontario: quando la sua domanda è accettata, i capelli gli s'imbruniscono perché tralascia di darsi l'acqua ossigenata: sebbene poi, nel vestirsi per andare a passar la visita, metta tali cure, aiutato dall'intera famiglia, che la casa Valadier sembra trasformata in un camerino d'attore, dove non si bada a tirare il lucchetto nè ad accostar l'uscio prima di cambiar d'abito: "la sola differenza fu che egli non adoperò nessuna polvere o piumino, e per comparire dinanzi ai giudici non si dipinse gli occhi. Aveva già sacrificato la chioma, talché era tosato e del più bel nero...". La sua ammissione nell'esercito è concordemente festeggiata dai genitori e dalle sorelle, ma quando l'ospite si reca a salutare il nuovo soldato, lo trova singhiozzante sulle ginocchia del padre che tenta invano di confortarlo recitandogli con voce tremante un vecchio ritornello del Béranger, mentre tutti gli altri parenti sono in lagrime e tragicamente atteggiati. Egli ne concepisce, un senso di sdegno, credendo che il giovane abbia ora paura e che anche la famiglia sia pentita di avergli accordato il suo consenso; ma la signora Valadier adduce la ragione di quell'angoscia – nobile ragione, sebbene spiegata col gesto e la voce di un personaggio del Corneille: "Lulù sperava d'esser destinato alla fronte, e lo mandano invece ad Albi....".

Quella della partenza è una scena commovente, sebbene "l'avrei giudicata senza dubbio più commovente se non fosse stata una scena....". L'ottimo Valadier è addolorato nel veder partire il figliuolo, "ma si sarebbe sentito molto più infelice se gli avessero vietato di rappresentare la sua parte di padre nobile secondo il Diderot e di prendere in prestito al Creuze[75] la truccatura del ruolo.... Egli pronunziò un discorsetto pieno di coraggio e di sensibilità. Le sue lagrime colarono. Noi non potemmo trattenere le nostre. Erano lagrime del secolo decimottavo. Ma quando la signora Valadier baciò il soldatino sulle due guance e gli disse: – Va', caro ragazzo mio – non so perché quelle parole mi scossero mollo più che l'allocuzione del papà. Non significavano tuttavia gran cosa, salvo che quella madre, un po' ridicola ma dolorosa, dava con tutto il cuore, e senza frasi, il figliuolo diletto alla Patria. Io trassi un singhiozzo da bambino. Il signor Valadier mi guardò con occhio severo, ma perché aveva paura di fare altrettanto".

II.

Con quest'arte, con questo stile Abele Hermant narra di Emma Valadier.

L'ospite, vedendo la giovanetta sempre pensierosa e triste, sospetta che abbia un secreto d'amore colpevole, ma non depone perciò l'idea, concepita fin dalle prime visite, di insidiarla; giudica anzi l'impresa tanto più facile se ella ha già avuto un amante. Ma quando si accinge a farle la sua brava dichiarazione, Emma gli butta le braccia al collo e scoppia in pianto, annunziando: "È morto! ". Chi è morto?... "L'amico mio!...".

Era un compagno di studii, un futuro compagno d'arte. La guerra lo prese dei primi. "Non avremmo certamente fatto nulla di male se la guerra non fosse scoppiata. Ma il sabato, appena vidi il manifesto della mobilitazione, corsi da lui. Aveva un alloggetto in via Bergère. Mi apri: naturalmente non teneva servitori. Da principio m'abbracciò e disse: – Vinceremo!... Gli risposi: – Oh, sì, certo! E poi soggiunse: – Emma, potrà ben darsi che non tornerò più.... Allora gli risposi: – Fa' di me ciò che vuoi...".

Bisogna leggere nel testo tutta la pagina. A un tratto l'uscio si schiude "e il signor Valadier fece una brusca entrata, seguìto dalla signora Valadier che lo tratteneva. Lo tratteneva almeno nella stanza attigua, ma dovette poi liberarlo sul passo dell'uscio, che è stretto; e una volta l'uscio passato, lo riagguantò per la falda della giacchetta. Non essendo armato, il signor Valadier non uccise nessuno e si contentò di fare un gesto di maledizione: poi s'inabissò nella poltrona che Emma gli aveva istintivamente ceduta, e si nascose il viso tra le mani. Io ero ben contento che la scena non volgesse al tragico, ma non potevo difendermi dal mandare al diavolo quel valentuomo che si disponeva a rammentarmi la *Dionigia* proprio nel momento in cui provavo la più sincera commozione ed ero a cento miglia dal teatro[76]. Fortunatamente il repertorio del signor Valadier è diverso, ed egli sentì, al pari di me, come il Diderot fosse più di stagione che non Dumas figlio. Alzò lentamente la fronte ingombra. Il suo viso passò, per insensibili gradazioni, dall'espressione di una collera santa a quella della clemenza di Augusto. Il suo sguardo si rischiarò e divenne d'un'infinita dolcezza. Spalancò le braccia, Emma vi si precipitò, egli le richiuse intorno a lei, e non si udì altro, nella modesta cameretta dove il crepuscolo già discendeva, che un suono misericordioso di singhiozzi e di baci".

Questo è il secreto di Abele Hermant: una indovinatissima mescolanza di comico e di drammatico, la riproduzione integrale degli aspetti ridicoli e patetici dell'esistenza, con l'aggiunta di un commento che è, secondo i casi, e talvolta ad un tempo, umoristico e serio.

Il professore Valadier, parlando ora come Socrate ed ora come il *Bonhomme Jadis*[77], è un gran brav'uomo, un padre eccellente, un cittadino esemplare. "Egli procedeva all'esame delle poche righe dei comunicati come un epigrafista studia le iscrizioni, come un insegnante di lettere pesa tutte le parole di un vecchio testo venerabile. Mai una pagina di Virgilio, di Racine o di Bossuet fu sottoposta a simili prove. Arrivava sino a tentare certi spostamenti della punteggiatura che modificavano il senso della frase, o che gliene davano uno quando per caso non ne aveva. Si permetteva di tanto in tanto qualche appunto di natura grammaticale, ma non trovava da ridire circa lo stile: perché, come tutti i buoni Francesi, approvava senz'altro quanto emana dal Governo.....". Dopo tante notizie angosciose, dopo tante speranze e tante delusioni, la lettura del bollettino che annunzia la battaglia della Marna gli procura uno scoppio di pianto. "Credo", dice, dopo avere abbracciato l'ospite, "che sia una vittoria.... Lo disse a voce molto sommessa, come se avesse vergogna o paura della gran parola che proferiva. Io chinai il capo. Ero in preda anch'io ad un bizzarro sentimento di paura o di vergogna che non sapevo spiegare a me stesso. Credo bene che singhiozzassi anch'io. Non mi rammento....". Ed alla proposta di comperare una bottiglia di *champagne* per festeggiare l'avvenimento, Emma Valadier esclama candidamente: "– Oh, no! Oggi non ne vale la pena, poiché è una vittoria vera". Luciano Valadier, "il povero istrioncello fatuo e ridicolo", diventa un altr'uomo per virtù della guerra. Quando l'ospite apprende che lo hanno trasportato dal campo all'ambulanza, che è stato operato, che si tratta di cosa non lieve, corre a trovarlo. "– Dove sei ferito?... – Egli alzò le spalle, poi voltò la faccia contro il muro, e vidi e udii che singhiozzava. Ne fui spaventato. Lo supplicai di non lasciarmi più a lungo in quell'ansia mortale. Egli rivoltò il viso dalla mia parte e disse con tono furibondo: – Non sono ferito, m'hanno operato d'appendicite otto giorni addietro; non mi sono sentito di scriverlo alla mamma.... – Sciocco! – esclamai. Egli scoppiò di nuovo in singulti, ed io non potei frenare una risata. – Via! gli dissi; non è cosa che disonori! Perché piangi ?... – Egli rispose, interrottamente: – Non capisci.... non capisci che ne ho ancora per una quindicina di giorni.... e che poi.... poi vogliono darmi una licenza di due mesi.... Due mesi e quindici giorni!... Allora.... di qui ad allora la guerra sarà finita!... – Ma no, piccino mio, che la guerra non sarà finita di qui a due mesi!... – Mi afferrò allora per il collo e si mise a piangere sulla mia spalla. Ripeteva continuamente: – Mi giuri?... Giuralo!... Giurami che non sarà finita!... – Gli giurai che la guerra non sarebbe finita tra due mesi, lo cullai come un bambino e lo guardai con ammirazione. Non ridevo più....".

Con una mano altrettanto leggera, ma non meno sicura, è sfiorato l'argomento della fede. Il professore

Valadier, "anticlericale della più bell'acqua, nei suoi verdi anni, obbedì alla velleità di credere in sull'inizio delle ostilità: ma ora non crede più, col pretesto che la guerra dura troppo e che per conseguenza il buon Dio non c'è: inoltre, la neutralità della Santa Sede lo sdegna, ed ecco insomma un convertito la cui conversione non è durata sei mesi". Ma quantunque appartenga ad una generazione di uomini "che sono nemici personali del miracolo", egli esclama: "Fu miracolo!", quando considera come Parigi restò salva dell'invasione teutonica.... Suo figlio, come tutti i soldati, non parla del futuro senza avvertire: "Se Dio mi da vita", e l'osservatore commenta finissimamente: "Coloro che vanno a battersi diventano volentieri superstiziosi; sarebbe un torto rimproverare loro questa debolezza, mentre è tollerata nei giocatori....", e quando Emma, avendo potuto vedere un'ultima volta il suo diletto, esclama, all'opposto del padre: "C'è pure il buon Dio", e quando il signor Valadier spera nell'intercessione della Vergine per la salvezza del figlio, l'umorista non commenta più.

III.

Resterebbe ora da narrare la conoscenza fatta da Emma all'ospedale, dove si reca ogni giorno per visitare i soldati in atto di pietoso omaggio alla memoria del suo caro perduto: l'idillio che pare s'intessa in quella casa del dolore e della speranza: e come poi la giovane, che è vedova senza aver cessato d'essere signorina, e che mette al mondo un bambino quasi senz'essere stata donna, elegga di restar vedova e madre venerando le reliquie del suo diletto. Resterebbe ancora da spigolare fra tanti gustosi episodii, fra tanti squisiti particolari d'osservazione e d'espressione; ma riesce propriamente impossibile seguire qui la tenue trama del romanzo e molto difficile rendere in un'altra lingua il sapore delle sue pagine. Questo libro veramente francese, dove è dipinta dal vero una famiglia della piccola borghesia parigina, possiede tuttavia un valore rappresentativo molto maggiore che non sembri.

Il genere umano è in massima parte composto di tante famiglie Valadier, con le loro smanie, le loro manìe, le loro vanità, le loro stesse volgarità; ma questa piccola gente, all'occasione, dimostra d'esser pure una gran brava gente e riscatta le debolezze con l'eroismo, e le ridicolaggini con la bontà, la generosità, la gentilezza. Per questa ragione l'ironia del romanziere non è caustica, come suole. L'umorismo, in fondo, lascia un senso d'amaro e un sentimento di sfiducia: ma Abele Hermant, il quale confessa d'aver perduto per proprio conto, questa volta, il suo scetticismo, contribuisce a combatterlo negli altri con lo spettacolo di virtù non studiate, senza paludamento, anzi semplici ed umili. Dove la rappresentazione di qualità sovrumane rischierebbe di non esser creduta, dove gli effetti convenzionali lascerebbero freddo il lettore, i casi e le parole di questi personaggi veri e sinceri lo interessano e lo commuovono. Appunto perché non ha tesi, la *Famiglia Valadier* acquista tanta efficacia quanta corrono pericolo di perderne i romanzi composti secondo le ricette della "psicologia classica e ufficiale", quella psicologia della quale Abele Hermant ha ragione di dire che non ha niente da vedere con la realtà.

22 dicembre 1915.

Paesaggi di pace e paesaggi di guerra.

Tra i Francesi amici nostri, Gabriele Faure ha da tempo un posto eminente[78]: la maggiore e miglior parte della sua produzione letteraria è consacrata – l'espressione religiosa non sembri impropria – all'Italia. I tre volumi delle *Heures d'Italie*, oltre quello delle *Heures d'Ombrie*, e gli altri quattro sul *Pays de St. Francois d'Assise*, sulla *Via Emilia*, sulla *Route des Dolomites* e *Autour des lacs italiens*, sono i documenti della passione con la quale egli ha studiato il nostro paese: passione, e non semplice curiosità, o diligenza, o interesse, o dottrina: passione vera e profonda, tenace e fervido e nostalgico amore. Uno degli stessi suoi romanzi, l'*Amour sous les lauriers-roses*, si svolge in Italia, sul lago di Como[79], e il paesaggio italiano è il galeotto che sospinge gli occhi a Maddalena Frémeuse ed a Renato Seillon, che scolora i loro visi ed unisce le loro bocche.... Stendhal, altro italiano d'elezione, disse che un paesaggio è uno stato d'animo: il Faure, stendhaliano nel sangue, va un poco oltre: il paesaggio è per lui quasi un personaggio: sente, vive, parla, suggerisce, persuade. *Paysages passionnès*, appunto, intitolò l'autore una specie di antologia di pagine descrittive dove i luoghi non sono tanto rappresentati come apparenza, quanto interpretati come espressione. Ed oggi egli pubblica un volume di *Paysages littéraires* meritevolissimo di essere raccomandato ai nostri lettori, non foss'altro perché una buona metà dei capitoli concerne l'Italia.

I.

È curioso scoprire, per esempio, le stranezze e le contraddizioni dei giudizii dati intorno ai più singolari aspetti del nostro paese da un luminare della letteratura paesista, sceso ben sei volte nella Penisola: il visconte di Chateaubriand.

Cominciamo col notare che nel *Genio del Cristianesimo* le pagine concernenti l'Italia e gli artisti italiani furono composte di maniera, prima che l'autore passasse le Alpi; quando le valica, nel 1803, resta deluso perché non trova la pianura appena scavalcato il Moncenisio; giudica bello l'effetto dei dintorni di Torino, ma "ci si sente ancora la Gallia: credevo di trovarmi in Normandia"; la metropoli piemontese è "d'aspetto un poco triste"; i campi lombardi gli piacciono, ma non il Duomo di Milano, perché "il gotico, e lo stesso marmo, mi sembrano stonare col sole e con i costumi italiani"; arrivando a Napoli, non è impressionato dal paesaggio, "fertile, ma poco pittoresco"; i luoghi virgiliani gli offrono uno spettacolo "magico" bensì, ma non "grandioso". Dal Vesuvio contempla "uno dei più bei paesaggi del mondo"; ma il grandioso, l'imponente, l'affascinante è da lui trovato, finalmente, a Roma. "Ci sono, finalmente! Tutta la mia freddezza è svanita. Sono accasciato, perseguitato da ciò che ho visto....". Tanta è stata la sua freddezza, che certi passi del *Voyage en Italie* sono più aridi delle indicazioni d'una guida e d'un catalogo; ma a Roma, e dinanzi alla campagna romana segnatamente, il poeta della solitudine e delle rovine prova un'impressione profonda: profonda a segno, che dopo averla espressa nella lettera del 10 gennaio 1801 al Fontanes[80], egli quasi s'ingelosisce quando altri dopo di lui osa ancora descrivere quei luoghi, dei quali si stima senz'altro scopritore: "i viaggiatori francesi ed inglesi venuti dopo di me hanno segnato ogni loro passo dalla Storta a Roma con altrettante estasi: il signor di Tournon segue la traccia d'ammirazione che io ho avuto la fortuna d'indicare". Ed a Roma vorrebbe morire: "Se avrò la ventura di finire qui i miei giorni, ho fatto in modo da avere a Sant'Onofrio un cantuccio adiacente alla camera dove il Tasso spirò[81]. Nei momenti perduti della mia ambasceria, alla finestra della mia cella, continuerò le mie *Memorie*. In uno dei più bei siti del mondo, fra gli aranci e le querce, con Roma intera sotto gli occhi, ogni mattina, mettendomi all'opera fra il letto di morte e la tomba del poeta, invocherò il genio della gloria e della sventura....".

Non potendo appagare questo voto, tornato in Francia e ripartitone per l'esilio del 1832, egli scende in

Isvizzera e si ferma alle porte d'Italia, a Lugano, dove ancora una volta prova la tentazione di fermarsi e morire. "Finirò dunque le mie *Memorie* sulla soglia di questa classica e storica terra dove Virgilio e il Tasso cantarono, dove tante rivoluzioni si compirono? Rimembrerò il mio destino di Bretone dinanzi allo spettacolo di queste montagne ausonie? Se il loro velario si alzasse, mi scoprirebbe le pianure lombarde; di là, Roma; di là, Napoli, la Sicilia, la Grecia, la Siria, l'Egitto, Cartagine; plaghe remote che misurai, io che non posseggo tanto di terra quanta ne premo con la pianta del piede....". Ma l'incredibile è che questo romantico errante, questo ricercatore e amatore di luoghi insigni per natura o storia od arte, arrivato nel 1806 a Venezia, donde salperà verso l'Oriente, non solamente resta freddo dinanzi a quella meraviglia del mondo, ma sente il bisogno di dichiarare nella lettera al Bertin[82]: "Questa Venezia, se non m'inganno, vi dispiacerebbe quanto a me. È una città *contro natura*....", soggiungendo prove talmente puerili del suo giudizio, da sollevare giustamente lo sdegno dei Veneziani: articoli di gazzette ed appositi opuscoli daranno sulla voce al temerario, e qualcuno dichiarerà di non sapere se prendersela più con la sua "cattiveria" o con la sua "stupidità". È vero che ventisette anni dopo, nel 1833, egli si ricrede e scioglie un inno alla città delle lagune: "Si può, a Venezia, credersi sul ponte d'una superba galera all'ancora, sul Bucintoro, dove vi diano una festa e dal cui bordo scopriate mirabili cose"; è vero che egli riesprime il desiderio di vivere e morire anche qui: "Perché non posso chiudermi in questa città in armonia col mio destino, in questa città dei poeti, dove Dante, Petrarca e Byron passarono?..." ma il Faure nota argutamente come l'improvviso infatuamento dopo il disprezzo fosse determinato dalla voga data a Venezia dai nuovi scrittori stranieri, dal Byron precisamente. Si potrebbe, dunque, trovare qui una prova di ciò che una era per altro ignoto: della poca sincerità dello scrittore. Il presuntuoso, stimatosi quasi inventore della poesia della campagna romana, si mette ad ammirare la già denigrata Venezia per amore di byroneggiare!... Ma c'è, sotto un altro aspetto, anche di peggio. Egli si lagna perché nel 1833 non ritrova le rive del Brenta quali erano la prima volta che le percorse: "L'Austria è venuta: essa ha rimesso la sua cappa di piombo sugl'Italiani e li ha costretti a ridiscendere nel loro sepolcro": osservazione amarissimamente vera, che ha il solo difettuccio di esser fatta da uno dei più illustri tirapiedi della Santa Alleanza, dal congressista di Verona, dal turiferario della "miracolosa" Coalizione e della diplomazia del 1814, del '15 e del '22 che "fondò nell'avvenire i diritti dei sovrani e dei popoli, e la sicurezza e la libertà dell'Europa!".

Il Faure non fa critica storica, nel suo bel libro, e neanche semplicemente letteraria; tuttavia egli non tralascia di rilevare quel tanto di falsità che c'è in qualche pagina italiana di Giorgio Sand[83]. La celebre scrittrice, l'amatrice famosa ha piantato a Venezia il povero Alfredo infermo e se n'è andata col suo Pagello a Bassano: la passeggiata di due giorni nei dintorni della città vene la diventa una "spedizione" nel cuore delle Alpi; la novelliera dichiara d'essersi "scorticate le mani e

le ginocchia", per attingere le estreme "solitudini" e l'
"ultima vetta"; soggiunge ancora d'essersi creduta in
America, negli "eterni deserti che l'uomo non ha potuto
ancora conquistare sulla natura selvaggia...."[84]. Con lo
stesso spirito di verità lo Chateaubriand l'aveva gabellato
per un viaggio di scoperta nei deserti dell'America
settentrionale quello che un critico, "spietato" secondo il
Faure, ridusse alle modeste proporzioni di un'escursione
al Canada..

II.

"Spietata" veramente suole riuscire la critica
quando si allenta di scemare o distruggere il fascino
esercitato dai grandi scrittori; ma è colpa della critica se i
grandi scrittori, e le grandi scrittrici, non hanno tutti una
grande anima?

Per buona sorte, Gabriele Faure non va incontro a
delusioni quando sceglie altri soggetti, più nobili e puri.
Giustamente persuaso che non è possibile evocare i genii
se non nel quadro che fu loro familiare, egli ascende in
reverente pellegrinaggio il poggio di Arquà, entra nella
casa del Petrarca, volge lo sguardo alle colline ed alla
pianura che furono l'ultima visione del cantore di Laura;
scende poi, o per meglio dire ritorna nella verde Umbria
e si ferma a contemplare il paesaggio francescano di
Clara Scifi, la madre delle clarisse. Immagini
singolarmente espressive egli trova anche per rivelare
l'anima dei luoghi lamartiniani e stendhaliani, ma il suo
più grande fervore è serbato all'Italia: "Italia, Italia",

ripete col Byron, "tu fosti e sei sempre il giardino del mondo, la patria della Bellezza nell'arte e nella natura!...".

Un appunto, tuttavia, gli si potrebbe, o per dir meglio gli si poteva muovere fino a poco tempo addietro; perché la sua visione del nostro paese è, talvolta, un poco quella della tradizione: una specie di "giardino di Armida" – giudica il protagonista dell'*Amore sotto gli oleandri* – un luogo, per conseguenza, dove non si fa altro che godere ed obliare. Sul lago di Como, nel bacino della Tremezzina, a Bellagio, "tutto è voluttuoso, tutto parla ai sensi, tra gente unicamente intenta all'amore ed al piacere"; a segno, che quando Lucilla ne fugge e prende una barca per guadagnare l'opposta riva, il barcaiuolo la guarda "con aria maliziosa" e le domanda: "*Une histoire d'amour, n'est-ce pas, signora?....*". Si potrebbe – si poteva – chiedere al Faure il ritratto di cotesto barcaiuolo, se lo stesso autore non avesse ora scritto altri due libri: i *Paysages de guerre de France et d'Italie*, e *De l'autre côté des Alpes: sur le front italien*, dove "quei Francesi che troppo spesso parlano un poco leggermente dell'Italia" possono apprendere che questo paese del "languore dei sensi" è anche il paese dei forti propositi, dei magnanimi ardimenti, dell'indomito coraggio e dell'eroismo sublime.

Nelle sue visite per le città e le campagne della zona di guerra, il Faure non può dimenticare d'essere artista; ma il cittadino della nazione alleata, l'ammiratore dello sforzo italiano pensa al passato bellicoso di Brescia dinanzi alla sua *Vittoria* e vi trova una promessa ed un simbolo; ricorda gli studii fatti sulla scuola di pittura a

Bassano, ma esalta la virtù guerresca della città; giudica che i palazzi merlati non sembrano più, come un tempo, fuori posto nella Treviso cui gli apparecchi di guerra hanno oggi conferito un nuovo aspetto di forza; ammira le pittoresche vedute delle Alpi Carniche, ma anche più gli "splendidi" alpini che ne custodiscono i passi, ed il "miracolo" del nostro organamento militare; chiede anche a sé stesso, rileggendo il Carducci, quali parole il poeta di *Ça ira* troverebbe per cantare la Marna e Verdun, "in quella stessa regione dell'Argonna e della Mosa che tanto giustamente chiama Termopili della Francia". "Se egli vivesse ancora", soggiunge, "noi ci volgeremmo a lui, vegliardo divino, come egli si volgeva a Vittor Hugo, e gli chiederemmo di cantare anche alle nuove generazioni il canto secolare del popolo latino":

> Canta a la nuova prole, o vegliardo divino
> Il carme secolare del popolo latino:
> Canta al mondo aspettante Giustizia e
> Libertà......

Il romanzo di Clemenceau.

Chi ha visto l'incisione intitolata *La Sentinella*, dove la balda figura del Primo Ministro francese sta eretta sopra un campo di neve, la faccia e l'occhio alle linee nemiche, in mezzo all'intrico dei pini "dal tronco rossastro contorti in battaglia contro la tempesta", non ha provato l'impressione che Giorgio Clemenceau somigli un poco ad Ottone di Bismarck? Chi ha visto l'altra vignetta che lo rappresenta nel suo scrittoio, alla scrivania, fra i libri, non ha trovato che rammenta Francesco Crispi? Come il Crispi ed il Bismarck, il Clemenceau è un uomo fisicamente forte: la straordinaria vigoria della sua tempra sta incisa a tratti evidentissimi nella testa possente, nelle grandi e solide arcate dei sopraccigli, nelle larghe e gagliarde mandibole; della sua esuberante vitalità, come di quella dello statista tedesco e del nostro, è un'altra prova la longevità operosa, la verde e fruttuosa vecchiezza: "Dai vecchi tronchi muscosi, solcati da aperte ferite, si slanciano giovani rami, contorti attraverso i seccumi in cerca di luce...."

Sono parole sue, tratte dal suo romanzo. I frequentatori dei teatri conoscono ed hanno applaudito la poetica finzione racchiusa nel suo atto unico intitolato *Il velo della felicità*[85], ma non tutti sanno che, come Disraeli e Massimo d'Azeglio, egli possiede anche l'arte del narratore. *Ai piedi del Sinai* contiene una serie di novelle[86]; un gran romanzo è invece *I più forti*[87]. Quando apparve, or sono venti anni, questo fu discusso e giudicato come opera di pura immaginazione; a leggerlo oggi, od a rileggerlo, vi si scopre un valore documentale allora insospettato. Questo è il romanzo della vita dello stesso autore.

I.

La prima rivelazione si trova nello stesso titolo. Siamo qui spettatori d'una lotta fra uomini di straordinaria energia. Il marchese Errico di Puymaufray, il protagonista, è "uomo di saldo torso, ancora robusto, la cui pallida faccia dimagrita contrasta con l'aspetto di decisione nervosa e di vigor muscolare. I capelli bianchi tagliati a spazzola scoprono la fronte raccolta nella prominenza sovraccigliare, a testa d'ariete, simile a quella che ci stupisce nelle medaglie antiche….". Domenico Harlé, l'antagonista, ha "capelli totalmente neri, barba folta accrescente l'energia dei lineamenti duri, gesti di scatto, parola vibrante", ed è "è veramente un capo nella poesia dell'azione". Maurizio Deschars è "un bel ragazzo, solidamente piantato, con atteggiamenti da giovane felino in riposo….". Moralmente, Harlé è uno strenuo lottatore, la cui indefessa attività si esercita nella grande industria, in una cartiera di provincia. La cupidigia e la durezza di costumi offendono e insanabilmente feriscono Clara Mornand, sua moglie. Ma Errico di Puymaufray è lì presso, chiuso da qualche tempo nel suo vecchio castello, ultimo avanzo d'un vasto patrimonio sciupato durante una gioventù vuota e disutile, nobilitata tuttavia dal dovere compiuto in faccia al nemico, quando "il carnevale di follia" del Secondo Impero fu bruscamente interrotto "dai virtuosi obici della strumentalità tedesca….". E tra la giovane sacrificata, ancora ignara del mondo, senza consolazione di prole, e l'uomo maturo che ha vuotato il bicchiere sino alla feccia, la divampante passione è reciproca ragione di vita. Nasce dal segreto amore una figlia, Claudia, che il marito crede sua e l'amante tiene a battesimo. La morte rompe improvvisa il legame stimato indissolubile: in tre giorni Clara Harvé è uccisa da un male tremendo. Padrino della piccola Claudia agli occhi di tutti, padre secondo natura, Errico di Puymaufray non vive più se non per il frutto dell'amor suo, e quando la giovinetta entra nella vita il dramma si annoda.

Due opposte influenze si esercitano sull'anima ingenua: quella del vero padre, da una parte, che l'adora, che le sta quanto più può vicino, che vuol farne una creatura di elezione; dall'altra quella del padre supposto, che le ha dato il nome e le accumula un'enorme sostanza perché sia la più invidiata tra le regine mondane. Impari lotta: Errico è solo, ha per alleata un'ombra, la memoria della morta; Domenico trova collaboratori ad ogni passo: nella viscontessa Maria di Fourchamps, vedova elegante e galante, ricca del denaro che si procaccia vendendosi: in un banchiere ebreo, e milionario, il barone Opserte, colui appunto che mantiene la viscontessa: in un tristo uomo di chiesa, l'abate Nathaniel; nell'intrigante signora di Peyrouard; in tutta la folla viziosa ed ingorda, in tutta la società corrotta e corruttrice.

Fra i due esempii, fra il dovere predicatole dal padrino ed il piacere offertole dal padre e dal mondo, Claudia resta un poco esitante. Due partiti, due uomini che impersonano le due tendenze, le si presentano: Maurizio Deschars, giovane serio, di alto sentire, profondamente innamorato di lei, fuggito una prima volta in India per mettere alla prova il proprio amore e tornato più acceso di prima, e Stefano Montperrier, deputato senza scrupoli, ambizioso "arrivista", che della giovane ama soltanto i milioni. E quando parlano in lei il cuore e la coscienza, Claudia vorrebbe dir di sì a Maurizio; ma la testa pervertita dai mali esempii e i nervi storditi nel tumulto mondano l'allontanano da lui e la sospingono verso l'altro.

Vince finalmente il mondo, la lega dei perversi, il "sindacato dei più forti". Vedendo la partita perduta, Errico di Puymaufray corre da Domenico Harlé per giocare l'ultima carta: "Claudia non è tua[88] figlia: è la creatura mia...". Harlé resta un momento stordito e soffocato: poi urla: "E perché me lo dici ora? Perché non posso più vendicarmi?...". Poi si padroneggia, si calma, sogghigna pensando che si è già vendicato: "Tu mi prendesti la moglie che non amavo, io ti ho presa la figlia che ami e che non ti restituirò!...". Ma al trionfatore, a colui che si stima e che è anche apparso a lui il più forte, Errico getta in faccia l'ultima verità: "No, non è vero: tu non sei il più forte: il male venuto dall'egoismo fa ognuno di noi vittima e carnefice alternamente. Io finisco di espiare, oggi. Grazie a te, ritrovo me stesso. Mi rubi Claudia, la figlia mia e di Clara? Il sangue nostro non mentirà! La lascio nelle tue mani, poiché così, nella sua aberrazione, ella vuole. Ma la so già infelice. Ha pianto! Domani il dolore benedetto la ricondurrà pentita a me, suo padre. Perdonando, sarò perdonato".

II.

Questa invenzione andava un tempo giudicata secondo i criterii della critica letteraria. Vi si poteva sceverare tutto quanto è diretta rappresentazione della realtà da quanto è predicazione di idealità; riusciva allora opportuno vedere quante volte il moralista prendeva la mano all'artista e ne scemava la non comune potenza. I mirabili effetti di immediata evidenza di tante pagine erano da opporre a certi artifizii, a certe reminiscenze scolastiche di alcune altre. La bellezza dello stile, la vivezza delle descrizioni avevano virtù di fermare l'attenzione del lettore e del critico: "Il tramonto d'una giornata di dicembre. Un sole vitreo che si dissolve in luce glaciale nella bruma dove freme l'intrico dei rami. Fischi della tramontana sui maggesi induriti, in mezzo al brivido delle foglie secche che si ostinano sulle querce. Corvi silenziosi, al sommo, in volo diritto, riguadagnano la foresta. La terra sonora getta al vuoto del cielo gli ultimi echi delle fatiche, il rimbombo della scure stracca, il passo martellato dei cavalli, il gemito delle ruote, un grido di richiamo, un muggito querulo, una canzone lontana per la speranza dell'alba di domani, la risposta sgomenta della civetta affermante per ora il trionfo della notte....".

Ma i pregi e i difetti dell'opera d'arte spariscono oggi dinanzi all'importanza che l'opera di pensiero ha improvvisamente acquistata. Claudia Harlé, la creatura che Errico di Puymaufray ha voluto avviare per le strade maestre dell'amore, del dovere, della virtù, e che attende a salvare dagli artigli delle donne disonorate, dei banchieri loschi, degli industriali briganti, dei cattivi preti, dei politicanti arruffoni, è assorta alla dignità d'un simbolo: è la Francia, la Francia fuorviata, traviata, sospinta sull'orlo dell'abisso, la Francia adorata al cui servizio Giorgio Clemenceau ha speso tutta la vita, e per poco non l'ha perduta. Il marchese di Puymaufray è lo stesso autore; nè sembri troppo strano ritrovare il gran democratico nella veste d'un gran signore, poiché i Clemenceau, vecchia famiglia borghese della Vandea, ebbero patenti di nobiltà dai Re di Francia; se il tribuno volle dimenticarlo, l'artista, sia pure inconsapevolmente, se ne sovvenne. C'è tutto un aspetto della vita dello scrittore sotto il quale egli rassomiglia alla figura della sua fantasia: come Puymaufray, egli si è dato assiduamente ai nobili esercizii dell'equitazione e della scherma, una delle fonti, appunto, della sua ferrea salute; e, come l'aristocratico, il nemico di tutti i pregiudizii non ha mai esitato un solo momento a mandare cartelli di sfida ai suoi avversarii tutte le volte che hanno trasceso nelle polemiche giornalistiche e nei duelli oratorii, e li ha affrontati sul terreno, con la spada e la pistola in pugno.

Ma la somiglianza più profonda è quella che consiste nelle qualità della mente e del cuore. L'artista ha creato un eroe a sua immagine e somiglianza, un uomo in cui "l'interna forza si raddoppia in potenza di vivere", appartenente ad una età "nella quale si agiva", sempre spinto dall' "impulso a parlare ed agire". Questa foga, quest'impeto, sono temperati nel Clemenceau dal sentimento poetico, quello stesso sentimento poetico che fa cadere Puymaufray "in estasi dinanzi ad una quercia". Harlé, l'industriale disumanamente arricchito col sudore dei suoi operai, glielo rimprovera; ma quando costui, e tutti gli altri malvagi suoi complici lavorano a pervertire la giovinetta, Errico sente invadersi da "un furore selvaggio contro i ladri di Claudia" e giura di nulla risparmiare, "se anche dovesse dare la vita, pur di salvare la sua creatura", e corre all'azione "per la morta viva, per la figlia della sua carne, contro il mondo ingiusto, contro il mondo bugiardo, contro il mondo egoista e crudele", e si dispone a scagliare sui nemici "anche la guaina della spada, per sforzare la vittoria". Come non vedere, ora, in questo personaggio l'uomo di governo, il ministro dal pugno di ferro che lui tanto spasimato e lottato per la salute della sua Patria? Attirata da piaceri vani, da beni fugaci, sorda alle voci ammonitrici, Claudia è veramente l'immagine della Francia, alla quale il gran giornalista, il grande oratore, il grande ministro instancabilmente ricordava le grandi leggi della Libertà e della Giustizia e la inesorabile necessità di difendersi dalle insidie della nazione rivale.

Quando i governi della Repubblica erano abbagliati dal miraggio di un vasto impero coloniale e sperperavano le vive forze del paese in ambigue imprese d'oltremare, Giorgio Clemenceau ripeteva ogni giorno che la Germania stava accampata in due province francesi e ammassava soldati e cannoni all'iniqua frontiera. Il 15 luglio 1914, due settimane prima dell'aggressione tedesca, aveva gridato ancora una volta l'allarme in Senato: "Non vogliamo, non possiamo sopportare la stessa prova un'altra volta. Non basta essere eroi: vogliamo vincere....". Egli sentiva la potenza latente della nazione, la forza intatta sotto la frivolezza apparente, e voleva che fossero adoperate. Nel 1893 i suoi nemici, con armi sleali, con accuse bugiarde, con documenti falsi, credevano di averlo abbattuto. Strappato alla tribuna dove l'ardente eloquenza e l'incalzante dialettica gli avevano assicurato quattro lustri di continui trionfi, pareva che la sua voce fosse spenta. Ma dall'oggi al domani, a cinquantadue anni, il tribuno s'improvvisa polemista, e continua a lottare in modo diverso, ma non meno efficace, per la buona causa. Durante la crisi marocchina, la veemenza con la quale sostiene le ragioni della Francia contro l'eterno nemico gli merita l'ammirazione e la gratitudine di tutti i cittadini, ed il rovesciatore di tanti ministeri arriva finalmente anch'egli al potere. Vi arriva, a sessantacinque anni, ma vi porta una forza più grande e più schietta di quella sfoggiata da tanti giovani. "Giovani, signorina", ha detto il suo Deschars a Claudia Harlé, "sono coloro che portano nel cuore un impulso generoso, coloro che credono, che assegnano un nobile scopo alla vita: sono coloro che lottano contro le delusioni del mondo e ricusano, nella disfatta, di arrendersi....". Nella disfatta del suo paese, quando Adolfo Thiers e Giulio Favre[89] avevano proposto la pace che mutilava la Patria, egli aveva votato contro! Capo del governo, un giorno si vede dinanzi l'ambasciatore tedesco fermamente deciso e scioccamente sicuro di umiliare in lui tutta la Francia a proposito dell'incidente di Casablanca: " Signor Presidente", intima il burbanzoso, "se piena soddisfazione non è data al mio governo, mi vedrò costretto, d'ordine di S. M.

l'Imperatore, a chiedere i miei passaporti...". "Il diretto per Colonia parte alle 9 e sono le 7", risponde il gran cittadino; "se non volete perdere il treno, signor ambasciatore, vi conviene affrettarvi...."

Nondimeno, la Francia lo disconosce – come Claudia disconosce Puymaufray. Quando scoppia la tempesta presentita, prevista, profetata, Giorgio Clemenceau non è al timone della nave. I buoni e gli esperti non mancano, nei supremi consigli; ma vi sono anche troppi incapaci e troppi ciechi, e le forze del male, le forze di quelli che sembrano "i più forti", operano ancora, nell'ombra. I traditori, i banditi, inconsapevolmente spalleggiati dai timidi, dai fiacchi, dagli amanti del quieto vivere, stanno per trionfare; il patriota non dispone d'altro che della sua penna; ma gli basta per denunziarli e bollarli nell'*Uomo libero*, nell'*Uomo ammanettato*[90]. Allora, pentita, sgomenta, perduta, la Francia lo chiama – come Claudia chiamava un giorno Puymaufray – ed egli accorre.

III.

Quest'ultima fase dell'opera sua è troppo nota perché occorra rammentarla. La più grande, la più stupefacente prova di forza di quest'uomo forte è quella che egli da a settantasette anni, assumendo il governo militare e politico del suo paese nell'ora più tragica. Ma il suo semplice segreto egli stesso lo ha rivelato quando ha detto: "Bisogna credere, bisogna sperare per esser forti; bisogna amare, bisogna credere: non c'è altro segreto nella vita; per guadagnare una battaglia bisogna ingaggiarla; vittoriosi sono coloro che si battono"; e il suo Maurizio lo ha riconfermato per lui: "Bisogna amare con tutta l'energia della vittoria, da uomo che si mette tutto nel suo slancio". Questo amore, questa fede è stata la forza che ha fatto conseguire il gran premio al Clemenceau e gli ha meritato tra il popolo di Francia il soprannome famigliare e glorioso di "*Papà la Vittoria*".

Ma un'altra verità egli ha pur fatto asserire a Nannetta, la sorella di latte di Puymaufray, l'umile contadina che accoglie ed esprime le sane tradizioni e le antiche virtù della razza: "Amare importa attirare il dolore". E la revolverata di Cottin[91] ha tentato di punire il gran Vecchio dell'infinito amore portato alla sua terra. Dinanzi all'arma omicida, con lo stesso sereno coraggio che gli fece attraversare imperturbato, una volta, la folla degli scioperanti di Lens pronti a scagliarsi su lui, egli ha sorriso: "Lo sciagurato mi sbaglia!...". Che cosa dirà domani, quando sarà restituito alla Patria?... "Domani i paurosi chiederanno non so quali selvaggi provvedimenti. Mi hanno narrato che un giornalista, alla Camera, dopo l'attentato, voleva fucilare socialisti, radicali e tutti quanti non pensano come il signor di Vogüé[92]. Bella politica da anarchici: la bomba contro la bomba!...". Queste parole Giorgio Clemenceau scrisse dopo l'allentato di Vaillant[93] contro il Parlamento francese; il domani dell'assassinio di Sadi Carnot[94], Presidente della Repubblica, in un nuovo impeto di ribellione contro i retrivi che volevano profittare dell'orrore universale per trar l'acqua al loro mulino, egli soggiunse: "Un delitto spaventevole è stato commesso, ed è la libertà quella che si vorrebbe condannare!...". Nell'imperversare della reazione, quando si voleva colpire la stessa idea anarchica, egli la difendeva nel gran nome della Libertà: "Nessun legame necessario esiste fra i delitti mostruosi commessi da sedicenti anarchici ed una teoria filosofica dell'anarchia, la quale occupa un posto legittimo nella serie delle concezioni umane....".

Pensare e parlare così è correre il rischio di sentirsi senz'altro confondere con i negatori d'ogni ordine sociale – e Claudia Harlé dice infatti a Puymaufray: "Padrino, voi siete anarchico!...". Ma l'accusa non fa senso al personaggio del romanzo, e l'autore si è presa una palla nel petto. Repubblicano ardente, figlio d'un ardente repubblicano, egli ha pur detto che "se ci fosse un conflitto fra la Repubblica e la Libertà, la Repubblica avrebbe per me torto, e la Libertà sarebbe quella cui darei ragione". Con la stessa coerenza, l'anticlericale convinto, il fautore della separazione dello Stato dalla Chiesa, volle che l'insegnamento fosse libero e che non si distruggesse "una sola credenza in una sola coscienza".

Questo è il Francese che un Francese ha voluto uccidere. Se sciaguratamente l'omicida fosse riuscito, dalle pagine del suo romanzo Giorgio Clemenceau avrebbe ammonito, con Errico di Puymaufray: "Che importano le nuove disfatte con le quali si pagano, per l'avvenire, i trionfi della bontà? Bisogna che i soldati morti colmino dei loro corpi il fosso, perché si possa sferrare l'assalto della vittoria". Parole bellissime, alle quali noi Italiani avremmo tuttavia da aggiungere queste altre: che non bisogna trascurare, nel tripudio del trionfo, i compagni d'arme e i fratelli di sangue....

Pura letteratura.

Insegna la nostra grammatica che non è sempre indifferente preporre o posporre l'aggettivo al nome, potendo anzi derivarne un notevole mutamento di significato: il "galantuomo", dice un classico esempio, è tutt'altro dall' "uomo galante". Così, parlando di "letteratura pura" s'intende letteratura schietta, vera, sincera, scevra di mescolanze, immune da sofisticazioni; mentre definire "pura letteratura" altre produzioni dello spirito, importa svalutarle, ridurle ad esercitazioni retoriche, a divagazioni verbali, a verbose vacuità e insomma a qualcosa di presso che impuro.

Nella lingua inglese, dove l'aggettivo precede costantemente il nome, per distinguere dalla "letteratura pura" la "pura letteratura", cioè il vaniloquio, la fraseologia, l'accademia, il verso che suona e che non crea, bisogna ricorrere ad altri qualificativi, ed uno scrittore americano accerta che gli uomini positivi, gl'indagatori, gli sperimentatori, gli scienziati, o – per adoperare la sua stessa espressione – gli *"scientisti"*, giudicano la poesia, il romanzo, il teatro, l'eloquenza e tutta l'arte della parola come "mere literature", come pura e semplice virtuosità e passatempo.

I.

Non potendo tuttavia negare senza scandalo qualche attenzione ai capolavori immortali, ma non riuscendo dall'altra parte a smettere l'inveterato abito professionale, cotesti "scientisti" finiscono col considerare le opere del genio scientificamente, filologicamente, pedagogicamente, analizzandone il congegno grammaticale e sintattico, catalogandone le parole e le frasi, misurandone i periodi, scandendone i versi, interpretandone le allusioni, denunziandone le imitazioni, assegnandone le fonti. L'opera d'arte non può essere compresa mediante questo metodo anatomico, bensì grazie alla diretta e immediata comunione con la sua essenza vitale. La più scientifica descrizione di un fiore in un trattato di botanica noto non riesce a rappresentarne la forma, a riprodurne la tinta, e tanto meno a farne sentire l'olezzo: affinché ciò sia possibile, bisogna mettersi in presenza del vivo fiore sulla pianta viva. C'è quindi diversità di procedimenti e antagonismo fra la scienza e l'arte, o – sempre per adoperare le stesse parole dello scrittore americano – tra l'Università e la Letteratura. L'Università, cioè l'indagine paziente, erudita e metodica, valuta le cose in ragion diretta dei loro caratteri verificabili, dei quali invece la Letteratura non sa che farsi, movendo anzi dalle impressioni e dalle intuizioni, giovandosi delle visioni e delle parvenze, appagandosi di considerare le cose quali si rivelano e non quali sono. Se il dominio dell'Università consiste nelle opinioni ben vagliate e documentate, appartiene ai suoi adepti affermare le certezze, distinguere i valori, dimostrare le verità, vagliare le probabilità. La Letteratura lascia da parte gli accertamenti obbiettivi per attenersi alle credenze personali ed alle operazioni della fantasia. Può sembrare paradossale il giudizio dell'autore, secondo il quale l'uomo della scienza pura, l' "Universitario integrale" non riflette, mentre la Letteratura opera per riflessione; ma il paradosso contiene un'anima di verità se si ammette che riflettere è "gettare tutt'intorno a ciò che sta nel nostro spirito un'atmosfera pregna di tutti i colori della nostra vita"; allora si vede che lo scienziato, maestro nel distinguere, nel coordinare, nell'esporre e nello spiegare, attende a collocare l'oggetto del suo studio in un ambiente privo di colorazioni e di rifrazioni: ragione per la quale il suo cervello è un museo di cose inerti, non un animato teatro come quello dell'artista, il quale riveste tutto quanto vive nel suo pensiero delle vive tinte della vita.

Ora, poiché arte e scienza, letteratura e cultura, ispirazioni ed erudizione non vanno d'accordo, anzi sono tanto diverse e contrastanti, fatalmente nasce tra loro un conflitto per il primato[95]. È il conflitto, vecchio quanto il mondo, tra il cervello ed il cuore, risolto troppo spesso con la tirannia esercitata dall'orfano del pensiero sul viscere della sensibilità. Per questa tirannia le "nostre" Università, dice lo scrittore d'oltre Atlantico, "sono interamente istituite a servizio del cervello". Nel suo

Paese, che è quello della più operosa e industre
modernità, "il cervello è il sovrano le cui leggi
rivendicano la supremazia": a lui spetta, laggiù,
"comandare a tutti gli altri strumenti" – l'autore dice
letteralmente "a tutte le altre strumentalità della
educazione".

Si può osservare che, se non mancano segni
evidenti d'una simile tendenza anche fuori della grande
Repubblica Americana, nei nostri proprii paesi, il
fenomeno è lì molto più grave, a segno che la stessa
parola "americanismo" è divenuta sinonimo di
positivismo, di realismo, di praticità, e tutto il contrario
di sogno, di poesia e di idealità. La riprova consiste nel
fatto che la produzione letteraria, poetica, artistica, è
notevolmente inferiore, negli Stati Uniti, a quella delle
altre nazioni europee.

Ad onore dell'autore, bisogna soggiungere che egli
vivacemente protesta contro questo andazzo. Il
predominio dello spirito scientifico non è da lui accettato
se non per deplorarlo. Non tutto consiste nel pensiero,
afferma egli; non tutto nel raziocinio e nella logica. Senza
dubbio, "il pensiero ragionante schiarisce l'atmosfera
dello spirito e gli schiude i campi dell'azione; ma l'amore
e la fede, talvolta anche l'odio e la diffidenza, spesso i
pregiudizii e le passioni sempre, quelle cose da noi
definite con una sola parola – il carattere – sono quelle
che creano e sostengono le nostre azioni. Non tutta la
potenza mentale si esplica nelle operazioni del pensiero.
C'è potenza anche nella passione, nella personalità, nella
convinzione semplice, nativa, non critica, nel sentimento

ingenuo. L'efficacia del sistema, della scienza, è esecutiva e non già stimolativa". E con un'immagine tolta alla politica: "Il pensiero che ragiona, se è la potenza presidente, non è la forza regnante nel mondo"; e ancora: "Il pensiero presiede, ma il sentimento detiene i poteri esecutivi delle forze motrici".

Anche la Letteratura possiede un suo proprio valore istruttivo tanto efficace quanto sottile, col quale i più perfetti e precisi metodi sperimentali non riescono anzi a rivaleggiare. Essa sprona e popola la vostra fantasia delle immagini che hanno illuminato i più eletti spiriti della stirpe. Certamente esercita anche in tal guisa le facoltà, ponendole nel miglior ambiente od in presenza delle menti di maggior fascino e di maggior forza; ma fa altresì molto di più. Essa fa conoscere allo spirito, mediante il diretto contatto, le forze che realmente governano e modificano il mondo di età in età. È più facile scoprire la politica d'una nazione nella sua poesia, che non in tutti gli scritti sistematici intorno ai pubblici negozii ed alle costituzioni. I poemi epici sono migliori specchi dei costumi che non le cronache; i drammi vi mettono spesso a giorno dei segreti di Stato, le orazioni animate da una profonda energia commossa e risoluta, gli scritti d'occasione che sopravvivono grazie all'azione diretta del loro stile sulle linee permanenti del pensiero, contengono tutti più storia che non i giornali parlamentari…. "La Letteratura, nella sua essenza, è puro spirito, e bisogna quindi sperimentarla piuttosto che analizzarla troppo formalmente": distinzione che l'autore definisce con maggior precisione affermando che l'umanità dev'esser giudicata nell'atto della vita, mediante quella specie di "vivisezione" che è la lettura e la comprensione dei capolavori letterarii, e non già con l' "anatomia" che attende a mettere in evidenza la struttura dei cadaveri.

L'errore è particolarmente da imputare al concetto dell'evoluzione, la grande voga del quale ha fatto sì che la scienza si sia dedicata allo studio delle forme, delle differenze specifiche, dei diversi modi nei quali lo stesso principio di vita si manifesta sotto la pressione dei mutamenti d'ambiente; e per questo motivo è diventato "scientifico" considerare l'uomo "non già come il centro o la sorgente del potere, ma come sottomesso al potere; come registro di forze esteriori invece che forza animata e generatrice, ed il carattere dell'uomo come prodotto dei casi umani piuttosto che come segno della padronanza dell'uomo sulle circostanze".

Tale è il danno cagionato dalla critica scientifica delle forme letterarie. La scienza è lo studio delle forze del mondo materiale, degli adattamenti, degli apparecchi dell'universo, e lo studio scientifico della Letteratura è divenuto anch'esso studio degli adattamenti, delle forme con le quali gli uomini enunziano i proprii pensieri e delle forze con le quali coteste forme sono state modificate, piuttosto che studio dello stesso pensiero. Contrariamente alla tendenza, non soltanto americana, ma anche germanica e latina, di stabilire i fondamenti d'una scienza dell'arte, il nostro autore afferma risolutamente che "non esiste scienza della Letteratura", e nell'assegnare i rapporti tra Letteratura e, Scienza attribuisce senz'altro il primato alla prima. "La Letteratura può fare a meno d'una grande cultura universale, quantunque corra, il rischio di restarne indebolita; ma l'Università non può fare a meno della Letteratura".

II.

È tempo ormai di dire che questo strenuo difensore della Letteratura, della poesia e dell'arte non è un letterato nello stretto senso della parola, quantunque sia laureato anche in lettere oltre che in legge ed in filosofia, ed abbia composto un buon numero di libri non tutti politici e scientifici: tanto meno è possibile ascriverlo tra gli artisti ed i poeti. Il pensatore americano che così decisamente si schiera contro una delle correnti più caratteristiche del suo paese, che loda tanto caldamente il Passato ed il Classicismo dopo essersi' pubblicamente vantato di "non credere che si trovi tra i viventi un uomo più di me saturo di pensiero americano", non è altri che Woodrow Wilson. E questa non è la sola nè la maggiore contraddizione che egli abbia esposta all'inquietudine dei suoi contemporanei. Il supremo reggitore della Confederazione americana[96], le parole del quale, durante la prova mortale alla quale è stato sottoposto il genere umano, parvero a Francesco Ruffini[97] – e non a lui solo – "aver serbato intatta la bellezza e la potenza del pensiero puro" ed essere "le più sublimi che l'umanità abbia udite nell'ora della tragedia smisurata e del travaglio interiore e le sole che abbiano saputo arrivare fino al fondo dei milioni e milioni di coscienze rimaste, in ogni parte del mondo, immuni all'atto da ogni inquinazione politica", non si è salvato per suo proprio conto da questa contaminazione.

"I biografi", osservò egli stesso, "sono spesso imbarazzati dal contrasto fra la vita e gli scritti di certi uomini". Un imbarazzo della medesima natura prova chi studia il grande contrasto fra ciò che Wilson promise e ciò che mantenne. Giusto è riconoscere che l'ideale, come tale, non può essere interamente attuato, e che le migliori azioni riescono sempre molto inferiori alle intenzioni, della quali si suoi dire non senza ragione che si va lastricando l'inferno. Doveroso è anche riconoscere che il sentimento di questa impotenza a conseguire tutto il bene, se fosse sempre cosciente, genererebbe una sfiducia asfissiante. Non sarà bensì vero che le montagne si muovano per la forza della fede; ma dove questa manchi, certo è che quelle resteranno più che mai ferme. Non sono mancati gli scettici, i pessimisti, i critici, che giudicarono illusione, chimera, utopia la felicità promessa, agli uomini dal Presidente, e che risero o sorrisero quando lo udirono annunziare l'avvento della Concordia universale e della Pace perpetua, della Libertà di tutti i popoli grandi o piccoli, del regno della Giustizia e dell'impero del Diritto: ma quelle nobili e ardenti parole accesero nel cuore della più gran parte degli uomini di buona fede e di buona volontà una divina speranza, li animarono, li spronarono, diedero loro la forza d'insorgere contro un imminente ed estremo pericolo. Ed il pericolo fu scongiurato.

Ma Wilson lodò pure sopra ogni cosa il carattere e la sincerità; egli scrisse pure: "Le cose che non vivono quando sono dette sono falsità sono cose che muoiono non appena si toccano". Ora, per l'appunto, una parte non piccola delle cose dette da lui non hanno goduto il dono della vita. Quest'uomo che si vantava, non a torto, d'essere "la sola persona d'alta autorità, fra tutti i popoli del mondo, che avesse la libertà di parlare senza nulla nascondere", e che sentiva di parlare non solamente come individuo e come capo responsabile d'un grande Paese, ma anche "nel nome dei liberali e degli amici dell'Umanità in tutte le nazioni ed in ogni programma di libertà", ed insino per conto "della massa silenziosa dell'Umanità che non ebbe ancora modo od opportunità di esprimere i veri sentimenti del suo cuore"; quest'uomo si è ricordato troppo, nel momento di render giustizia, di appartenere ad una particolare famiglia umana – e non alla più disinteressata e discreta. Ma questa parzialità non era imprevedibile; fin da quando il laudatore dei classici studiava, preferiva e citava assiduamente gli scrittori inglesi, "e di rado, molto di rado", dice un suo biografo, "un Francese, un Tedesco od un Italiano". Teodoro Stanton[98] nota con legittimo stupore come la stessa Grecia e Roma siano dimenticate da Wilson, non ostante la sua professione di umanesimo, "e ciò che è più curioso ancora i pensatori e gli uomini pubblici americani non sono da lui citati se non quando è quasi impossibile passarli sotto silenzio. Poeti inglesi, statisti inglesi, libri inglesi, maniere e pensieri inglesi, persone e cose inglesi sono quelle che il cervello di Woodrow Wilson conosce meglio e che vengono più volentieri sulla punta della sua penna". È vero che un altro biografo, O'Connor[99], gli da lode per aver composto il suo stile sui modelli greci, segnatamente sulle orazioni di Demostene; ma la confessione dello stesso Presidente varrà più delle interpretazioni dei suoi critici e dei suoi apologisti, e Wilson dice espressamente che, "se il libero popolo al quale apparteniamo deve serbare l'acuto suo spirito, il suo perfetto amore in mezzo agli affari; l'alto suo coraggio dinanzi alle difficoltà; la sua saggia moderazione e le sue speranze, deve continuare a dissetarsi profondamente e spesso ai vecchi pozzi dell'inglese immacolato, mantenere il calore del proprio sangue mediante tutte le dichiarazioni di proponimenti magnanimi e di nobili principii delle quali la sua incomparabile letteratura è piena....".

Questa preferenza spirituale, dipendente dalla stretta consanguineità, produsse i suoi effetti politici durante le trattative della pace. Si vide allora rimanere indisturbata l'egemonia inglese sugli oceani, mentre la libertà delle vie marittime doveva essere, sulla fede d'uno dei punti del programma wilsoniano, solennemente garantita. E si vide l'impero coloniale tedesco passare per la maggior parte alla Gran Bretagna ed ai Domini britannici, quando si era detto che avrebbe formato un demanio di tutti i popoli civili.

Parziale con l'Inghilterra, il grande arbitro è stato ingiusto con altre nazioni, vinte e vincitrici, particolarmente con noi. Ed anche qui i suoi criterii potevano far prevedere la scarsa considerazione nella quale egli teneva l'Italia; perché, accertando che ogni gruppo nazionale ha un suo rappresentante sovrano, affermava che "Shakespeare è re tra gl'Inglesi, come Omero fra i Greci", ma sentiva il bisogno di soggiungere, non senza un poco lusinghiero stupore: "e come il sobrio Dante tra i suoi allegri concittadini....". Il principio dell'autodecisione fu negato ad una parte della nostra stirpe: il rispetto ai trattati fu osservato a favore del Giappone e negato a noi. Lo stesso modo col quale è stato attuato in molti casi il principio di nazionalità, prima ragione e giustificazione dell'immane conflitto, ha lasciato aperto il campo a conflitti nuovi, e la Società delle Nazioni, che doveva dirimerli sovranamente tutti, è minacciata d'impotenza e di paralisi.

III.

Come mai è stato possibile?... Woodrow Wilson sapeva che riesce molto difficile distinguere tra la moda e la forma, il costume e la sostanza, la convenzione e la verità, le cose che sembrano belle ,e le cose che durano. Non gli fu data lode "principalmente per l'inflessibile volontà di curare che le visioni diventino realtà?". Ma era da uomo veramente "inflessibile" accettare, come egli accettó, i giudizii "comuni", ammettendo che, se pure riescono "incresciosi", sono tuttavia "il cemento della società?...".

Anche questa concessione, e i compromessi che ne derivarono, erano prevedibili da parte dell'autore dello *Stato*, del sociologo lodatissimo "per essersi sempre mantenuto aderente alla realtà e lontano dalle astrazioni". Non vi fu dunque qualche esagerazione nel portare al cielo come l'incarnato genio del bene; nel pretendere, come fece Massimo Leroy[100], che l'êra nostra debba chiamarsi *Êra Wilson*? E non ebbe piuttosto lo stesso Presidente una specie di inconsapevole premonizione, quando denunziò "l'affettazione di attribuire il diritto di cittadinanza a semplici passeggeri?...".

Egli non è stato un passeggero qualunque; poteva anzi, "cosi in coscienza come in diritto, essere tanto grande quanto è umanamente possibile"; ma mentre la sua sovranità materiale e politica andò continuamente crescendo, il contrario avvenne di quella spirituale ed etica. Francesco Ruffini, chiudendo il suo studio sul Presidente – quando l'armistizio era stato appena concluso ed il Washington non aveva ancora trasportato in Europa il supremo regolatore dei destini di lei e del mondo, il detentore d'un mistico ed universale mandato – il nostro Ruffini esclamava: "Guai a quell'uomo di Stato che si attentasse di ostacolare l'adempimento di cotesto mandato per altre considerazioni che non siano quelle tassativamente e ineluttabilmente imposte dal trapasso da una enunciazione di principii ad un ordinamento di cose. Mai responsabilità più tremenda è gravata sulla coscienza di alcun uomo. In conspetto della storia inesorabile, verso la propria patria e verso l'umanità". Coloro dai quali tennero le difficoltà e le opposizioni ne sopporteranno certamente la responsabilità; ma non aver saputo superarle, averlo anzi accolte e sancite è il torto di

Wilson. Il quale si è vantato di portare per nome di battesimo il cognome d'un suo zio materno, il teologo scozzese Roberto Woodrow[101]: ma costui, quando fu invitato a ripudiare la dottrina darwiniana, che aveva fatta sua conciliandola con la fede cristiana, dichiarò ai suoi giudici: "Non mi chiedete una menzogna in luogo d'una convinzione sincera. Signori, voi non meritate più la confidenza d'un uomo onesto. Vi saluto....". Se il nipote non trovò la forza di ripetere queste magnanime parole a quei suoi collaboratori che gl'impedirono di mantenere quanto aveva solennemente promesso, sarà del tutto infondato il dubbio che le magniloquenti promesse non fossero in buona parte se non "pura letteratura?".

---

[1] La storia di questi saggi è nota. Come scrive Nunzio Zago (cfr. N. ZAGO, intr. a F. DE ROBERTO, *Novelle di guerra*, cur. R. ABBATICCHIO, Bari, Palomar, 2010, pp. 7 – 27, in part. pp. 12 – 13), "la necessità dello scrittore di "produrre" s'indirizzò verso le tematiche belliche, cui il pubblico in quel momento era particolarmente sensibile, con interventi e divagazioni storico-letterarie da affidare ai giornali: al "Giornale d'Italia", il quotidiano romano diretto da Alberto Bergamini, al quale, da qualche anno, De Roberto aveva cominciato a collaborare al posto del "Corriere della sera", e successivamente al "Giornale di Sicilia". Ne nacque, l'abbiamo detto, il volume *All'ombra dell'olivo*, che faceva il paio con un volume analogo, *Al rombo del cannone*, uscito l'anno precedente, nel '19, sempre da Treves, dov'erano confluiti, invece, i "pezzi" composti per il "Giornale d'Italia" [...]". Sul De Roberto come elzevirista del *Giornale di Sicilia*, vedi il fondamentale articolo di Sarah Zappulla Muscarà "Federico De Roberto collaboratore del *Giornale di Sicilia* (1888 – 1927)", in AA.Vv., *Federico De Roberto. Atti del Convegno*

nazionale tenuto a Zafferana Etnea in occasione del XIII premio Brancati-Zafferana, Palermo, Palumbo, 1984, pp. 125 – 132, originariamente pubblicato in *Galleria*, 1 – 4 (1981), pp. 149 – 158 (è un numero speciale interamente dedicato a De Roberto) e poi rifuso in *Letteratura teatro e cinema*, Catania, Tringale, 1984, pp. 191 – 201. Manca, al contrario, uno spoglio degli articoli derobertiani scritti per il "Giornale d'Italia". Per quel che concerne la duplicità della committenza, una nazionale e l'altra eminentemente locale, va comunque rilevato – per maggior precisione – come il volume edito nel 1919 comprenda gli articoli scritti per il "Giornale d'Italia" salvo uno ("Vigilia italica", uscito nell'aprile del 1919 sul quotidiano siculo), mentre quello pubblicato nel 1920 raccoglie in grandissima parte gli interventi che De Roberto affidò alle colonne del "Giornale di Sicilia" fra il marzo del 1919 e l'aprile del 1920, con la sola eccezione de "Gli amanti di Siracusa" (uscito nel luglio del 1919). Su questo, cfr. MUSCARÀ, *Letteratura* cit., pp. 192 – 200, in part. pp. 195 – 196.

[2] Cfr. S. ZAPPULLA MUSCARÀ, *Federico De Roberto critico e traduttore (con saggi inediti)*, Catania, Giannotta, 1972.

[3] Ve ne è invece una che riproduce quelli apparsi presso l'editore Sandron nel 1900, senza però alcun riferimento alla produzione saggistica bellica (e cfr. F. DE ROBERTO, *Il colore del tempo* [1900], cur. R. MINORE, Città di Castello, Edimond, 1997).

[4] Cfr. *supra*, la n. 1.

[5] Per l'espressione, vedi N. ZAGO, intr. a DE ROBERTO, *Novelle di guerra* cit., pp. 8 – 9, n. 5.

[6] Sulle idee politiche di De Roberto, improntate a un moderatismo di stampo conservatore, tuttavia non alieno da influssi di matrice cattolica e democratico-riformista, cfr. C.A. MADRIGNANI, "Pensiero politico e "vissuto politico" in F. De Roberto", in AA.VV., *Letteratura e società. Scritti di italianistica e di critica letteraria per il XXV anniversario di insegnamento universitario di Giuseppe Petronio*, Palermo, Palumbo, 1980, pp. 408 – 417; e A. DI GRADO, postfazione a F. DE ROBERTO, *La paura*, Roma, Edizioni E/O, 2008, pp. 75 – 77.

[7] Cfr. A. DI GRADO, *La vita, le carte, i turbamenti di Federico De Roberto,*

gentiluomo, Acireale-Roma, Bonanno, 2007², consultato nella prima edizione (Catania, Biblioteca della Fondazione Verga, 1998, pp. 391 – 392, in part., per l'opinione citata, p. 391). Altrove (cfr. IBID., "L'ultimo de Roberto", in AA.Vv., *Società e letteratura a Catania tra le due guerre*, Palermo, Palumbo, 1978, pp. 207 – 221, in part. p. 213, nn. 16 e 17 per la bibliografia a cui rimontano le successive citazioni di Grana e Serra), Di Grado sposa solo in parte l'opinione del Grana secondo cui i due volumi di saggi bellici appartengono "ad una pubblicistica senza impegno, al genere di dilettazioni storiche solite allo scrittore", nel contempo rilevando una certa continuità che legherebbe tali testi a quel genere di trattatistica storico-mondana prediletto dal De Roberto (e cioè, con le parole di Renato Serra, "il tipo delle variazioni psicologiche un po' superficiali – e massime di curiosità amorosa – intorno a episodi storici, che fu di moda in Francia dopo Sainte-Beuve"). Il Di Grado continua sostenendo (giustamente, a parere di chi scrive) che "sbaglierebbe chi ritenesse tutti questi scritti come disimpegnate divagazioni, destituite di ogni rapporto che non sia pretestuoso con gli eventi bellici". Quanto all'opinione della Cavalli Pasini, la studiosa parmense, nel rilevare che "poco di nuovo [...] dicono rispetto al conformismo e alla retorica ufficiale i saggi" delle due raccolte, sottolinea bensì che in essi "da una parte, emerge l'interventismo di un intellettuale tuttavia disarmato di fronte alla rapacità dei tempi, nei quali tenta invano di integrarsi, dall'altra, si conferma una sua intima, sostanziale diffidenza nei confronti della guerra, considerat, almeno in quanto aggressione, sempre immorale [...]" (cfr. A. CAVALLI PASINI, *De Roberto*, Palermo, Palumbo, 1996, pp. 92 – 93).

[8] Cfr. ZAGO, intr. a DE ROBERTO, *Novelle* cit., p. 14.

[9] Cfr. ZAPPULLA MUSCARÀ, *De Roberto critico* cit., p. 70, n. 66.

[10] Cfr. J.P DE NOLA, *Federico De Roberto et la France*, Paris, Didier, 1975, pp. 227 – 237.

[11] Il testo del De Nola verrà utilizzato, pur tenendo conto della non trascurabile secchezza delle sue osservazioni, via via che si procederà nell'analisi delle varie tipologie dei saggi medesimi.

[12] Cfr. G. PANNUNZIO, "Sulle novelle belliche di Federico De

Roberto", in *Studi Medioevali e Moderni*, 2 (2000), pp. 119 – 150, dov'è rintracciata una cifra stilistica che, lungi dall'essere espressionista, rimonta invece ad un sostrato bozzettistico e scapigliato di matrice manzoniana o comunque pre-verista.

[13] Il testo qui edito è conforme a quello pubblicato nei citati testi *Al rombo del cannone* (1919) e *All'ombra dell'olivo* (1920). Si è scelto di editare tale tipologia di testo, senza risalire agli originali pubblicati nei quotidiani, perché esso si pone come ultima revisione operata dallo stesso De Roberto, quella che – citando Giorgio Inglese – si può ritenere come "la più matura volontà dell'autore" in caso di originale plurimo. Come s'è già detto nell'introduzione, si è intervenuti solo una volta, laddove la lezione era viziata da una presumibile svista tipografica (ché tale essa va considerata e non alla stregua di un altrimenti assurdo "errore d'autore") la quale rendeva il senso del passo assolutamente incomprensibile o perlomeno ledeva un palese "usus scribendi" dell'autore.. Per tale soluzione filologica, cfr. G. INGLESE, *Come si legge un'edizione critica. Elementi di filologia italiana*, Roma, Carocci, 2002, pp. 47 ss.gg.

[14] Cfr. *Protocollo della Giovine Italia (Congrega centrale di Francia)*, 6 voll., Imola, Cooperativa Tipografico-Editrice Paolo Galeati, 1916-1922.

[15] Con il Fabrizi, comincia un lungo elenco di nomi di patrioti, più o meno oscuri, di cui il De Roberto venne a conoscenza leggendo i vari volumi dell'edizione nazionale degli epistolari mazziniani. Con un procedimento adottato di qui in avanti anche per le altre recensioni derobertiane, si è deciso di porre in nota le notizie biografiche utili ad identificarli e collocarli nel contesto, facendo eccezione unicamente per quei personaggi ormai universalmente noti o comunque non tali da falsare la comprensione del quadro storico a cui la recensione si riferisce (ad esempio Diderot, Schiller, etc.) e per gli estensori dei testi recensiti di cui si fa ovviamente cenno nell'introduzione. Si è risaliti alla stessa edizione nazionale quando non fosse possibile trarre notizie sui patrioti da altre fonti. Quanto al Fabrizi, nato secondo le fonti ufficiali a Modena il 4 aprile del 1804, molto probabilmente venne alla luce a Sassi, piccolo paese

del comune di Molazzana, in provincia di Lucca, il 31 marzo dello stesso anno, per essere portato a Modena dal padre, che proprio nella città della Ghirlandina si era trasferito per terminare gli studi. Arrestato nella congiura di Ciro Menotti, cui prese parte, fu liberato l'anno successivo; riparò a Marsiglia, dove si avvicinò al pensiero di Mazzini ed alla sua Giovine Italia. Ancora esule in Spagna e Malta, qui fondò la Legione Italica nel 1837, autonoma che avrebbe dovuto capeggiare un movimento di guerriglia stabilendo la sua base operativa nel Sud Italia, lontano da Mazzini. Fabrizi si concentrò essenzialmente sulla Sicilia, dove nel 1837 per un'epidemia colerica erano scoppiati moti popolari, Mazzini ritenne poco oppurtuno intervenire per paura che i Siciliani avviassero una secessione dal regno delle due Sicilie senza poi volersi unificare al futuro regno d'Italia. Giunto in Sicilia dopo lo sbarco dei Mille, combatté a Palermo e Milazzo; in seguito, Giuseppe Garibaldi ne fece il suo Ministro della Guerra; combatté ancora al fianco di Garibaldi in Trentino, nel 1866, come sottocapo di Stato Maggiore con il grado di generale e nella Battaglia di Mentana nel 1867. Divenne generale e fu Deputato del giovane Regno d'Italia per 8 legislature. Per tali notizie, e per riferimenti agli altri personaggi citati nella recensione derobertiana, cfr. F. DELLA PERUTA, *Mazzini e i rivoluzionari italiani: il partito d'azione, 1830 – 1845*, Milano, Feltrinelli, 1974; e T. ASCARI, *Figure modenesi del Risorgimento, Modena*, STEM, 1962, pp. 35 ss.gg.

[16] Sul mito di Don Juan, inteso in senso generico, la bibliografia è immensa. Lo è un po' meno se si cerca di approfondire il cosiddetto "dongiovannismo", cioè lo scimmiottamento romantico, anche e soprattutto a livello sociale e letterario, degli atteggiamenti seduttori del "conquistador" iberico. Su tali tematice, comunque, cfr. comparativamente S. ARIENTA, *Don Giovanni: le manipolazioni di un testo nell'Europa della restaurazione*, Milano, LIM, 2004; M. SAENZ ALONSO, *Don Juan y el donjuanismo*, Madrid, Guadarrama, 1969; K. WERNER JENSEN, *Studien zur "Don Giovanni"-Rezeption im 19. Jahrhundert: (1800 – 1850)*, Schneider, Tutzing, 1980; G. GENDARME DE BEVOTTE, *La legende de Don Juan: son evolution dans la litterature du Romantisme a l'epoque contemporaine*, Paris, Hachette, 1929; e – con

ampi riferimenti a Byron – F. FINTZ MENASCE, *Il labirinto delle ombre: l'immagine di Don Giovanni nella letteratura britannica*, Firenze, La Nuova Italia, 1986

[17] Nato a Meletole, frazione di Castelnovo di Sotto (nell'attuale provincia di Reggio Emilia) da famiglia agiata, Luigi Amedeo Melegari (1805 – 1881) compie gli studi preliminari a Parma, per poi trasferirsi a Roma, dove si laurea in giurisprudenza. Tornato nei suoi luoghi d'origine, prende contatti con la locale carboneria e, nel 1831, è tra i promotori dei moti di Reggio Emilia. Arrestato nell'aprile dello stesso anno viene assolto, ma la situazione lo induce alla scelta dell'esilio in Francia. Nella città di Marsiglia incontra Giuditta Bellerio, compagna di insurrezione e d'esilio, attraverso la quale entra in contatto con Giuseppe Mazzini; ben presto la frequentazione con Mazzini si farà assidua, divenendone uno dei più fedeli ed intimi collaboratori. Melegari è tra i fondatori della "Giovine Italia" e, trasferitosi in Svizzera, sarà tra i cinque rappresentanti italiani, con Mazzini, Bianco, Rosales e Ruffini, a firmare il "Patto di Berna", cioè l'atto di fondazione della "Giovine Europa", il 15 aprile 1834. Probabilmente deluso dai continui fallimenti dei moti insurrezionali, Melegari si allontana gradatamente dalle idee mazziniane, fino ad assumere posizioni liberali e moderate. Nel 1840 inizia la sua esperienza di docente, prima all'Accademia di Losanna, dove tiene corsi di economia politica, filosofia del diritto e diritto internazionale e, dal 1848, all'Università di Torino, dove assume la cattedra di diritto costituzionale, mantenendola fino al 1860. La sua carriera politico-istituzionale inizia nel 1849 come deputato, per divenire senatore nel 1862. Nel 1867 riceverà l'incarico di "Ministro d'Italia a Berna", carica che ricoprirà ininterrottamente fino alla morte, fatta eccezione per il breve periodo nel quale viene chiamato dal Presidente del Consiglio Agostino Depretis, a guidare il dicastero degli esteri. Per tali notizie, cfr. G. FERRETTI, *Luigi Amedeo Melegari a Losanna*, Roma, Vittoriano, 1941; G. MAZZINI, *La Giovine Italia e la Giovine Europa dal carteggio inedito di Giuseppe Mazzini a Luigi Amedeo Melegari*, cur. D. MELEGARI, Milano Treves, 1906; e infine O. ROMBALDI, *Luigi Amedeo*

Melegari (1805 – 1881): con pagine dalle lezioni, Castelnovo di Sotto, s.e., 1981.

[18] Giuseppe Lamberti nacque a Reggio Emilia il 23 aprile 1801. Figlio del conte Jacopo, fece parte della Carboneria e fu costretto a emigrare in Francia per sottrarsi ai rigori del duca di Modena. Qui conobbe Giuseppe Mazzini e collaborò con lui nella fondazione della Giovine Italia. Nel 1848 tornò a Reggio per partecipare ai moti. Nel 1849 si rifugiò in Toscana e a Bologna, poi, a seguito delle amnistie di Francesco V, tornò a Reggio dove, a causa di una grave malattia, morì il 24 gennaio 1851. Su Lamberti che il Mazzini definì "giovane dei pochi buonissimi", non si è scritto molto, almeno di recente Su di lui vedi principalmente, C. ROTONDI, "Un carteggio inedito di Giuseppe Lamberti", in *Rassegna Storica del Risorgimento Italiano*, 1 (1954), pp. 575 – 581; e R. MARMIROLI, *Lamberti*, Milano, Garzanti, 1949.

[19] Terenzio Mamiani della Rovere (1799 – 1885), ultimo conte di Sant'Angelo in Lizzola, fu fra i protagonisti di rilievo del periodo risorgimentale italiano. Cugino di Giacomo Leopardi, entrò in contatto a Firenze nel 1827 con i circoli degli intellettuali vicini al Gabinetto Vieusseux (quando iniziò a collaborare al periodico "Antologia"), e sviluppò poi la propria esperienza politica partecipando ai moti del 1831 prima a Bologna, poi ad Ancona, come Ministro dell'Interno del Governo provvisorio delle Province Unite Italiane e a Roma, diciassette anni dopo, alle insurrezioni protrattesi fra il 1848 ed il 1849. Nel 1847 con Domenico Buffa fondò a Genova il giornale "La Lega Italiana", sostituito tre mesi dopo da "Il Pensiero Italiano". Contrario alla Repubblica romana, con Vincenzo Gioberti diede vita a Torino alla Società della confederazione italiana. Fu Ministro dell'Interno dello Stato Pontificio durante il pontificato di Pio IX fino all'assassinio di Pellegrino Rossi, poi agli Esteri con Carlo Emanuele Muzzarelli, Deputato all'assemblea costituente del 1849 e poi Ministro dell'Istruzione con Cavour, Senatore del Regno d'Italia dal 1864 e vicepresidente del Senato. Nel 1827 fu professore nell'Accademia militare di Torino e da 1857 insegnò Filosofia della storia

all'Università di Torino e poi a Roma. La sua posizione, sostanzialmente moderata, ispirò una contestuale visione storico-filosofica che – alla vigilia dell'Unità d'Italia – si riflesse nella sua opera di Ministro della Pubblica Istruzione nell'ultimo governo del Regno di Sardegna presieduto da Cavour e nel primo del nuovo Regno d'Italia. Nel 1860 Mamiani approvò i nuovi programmi scolastici, che includevano l'insegnamento della religione tra le materie fondamentali. Cfr., recentemente e con ponderosa bibliografia, A. BRANCATI – G. BENELLI, *Divina Italia: Terenzio Mamiani Della Rovere cattolico liberale e il risorgimento federalista*, Ancona, Il Lavoro Editoriale, 2004.

[20] Piersilvestro Leopardi (1797 – 1870) nacque ad Amatrice, località attualmente nella regione Lazio, ma appartenente all'epoca al Regno di Napoli. Studiò giurisprudenza all'Università dell'Aquila; mentre era ancora studente, si unì alle bande di carbonari contro le truppe francesi di Gioacchino Murat (1814). Dopo la Restaurazione, entrò nell'amministrazione statale del Regno delle Due Sicilie e nel 1817, a soli 20 anni di età, fu capo divisione nell'intendenza generale dell'Aquila, probabilmente per l'appoggio dei Carbonari. Partecipò pertanto attivamente ai moti costituzionali del 1820 – 1821 militando nella Guardia nazionale dell'Aquila e servendo nello Stato Maggiore di Guglielmo Pepe; alcuni anni dopo Piersilvestro Leopardi avrebbe attribuito la sconfitta dell'esercito delle Due Sicilie ad Antrodoco (7 marzo 1821) agli errori del generale Pepe. Costretto ad abbandonare la carriera amministrativa, nel decennio 1821 – 1830 Leopardi esercitò l'avvocatura e continuò i rapporti con la Carboneria. Nel 1831 fu coinvolto, con il fratello Domenico, in una congiura che gli costò alcuni mesi di carcere; dopo una assoluzione, avvenuta il 18 ottobre 1832, nel 1833 prese contratti con Giuseppe Mazzini e con una congrega aquilana della "Giovine Italia"; arrestato ancora una volta all'Aquila alla vigilia dell'insurrezione programmata per il 10 agosto 1833, su delibera del Consiglio di Stato Piersilvestro Leopardi fu condannato all'esilio perpetuo e dovette esulare in Francia. In Francia ebbe contatti con Nicolò Tommaseo, col quale condivise per qualche tempo l'alloggio, e si avvicinò ai neoguelfi. Tradusse opere

italiane in lingua francese, come per es. la *Storia universale* del Cantù. Tornato a Napoli agli inizi del 1848, fu nominato ministro delle Due Sicilie presso Carlo Alberto; arrestato il 24 aprile 1849 con l'accusa di avere attentato all'integrità del Regno delle Due Sicilie per non essersi opposto all'ipotesi del distacco della Sicilia; fu condannato a 15 anni di carcere, tramutati in esilio perpetuo. Si recò in Piemonte: nel 1853 ottenne la cittadinanza sarda e nel 1856 aderì alla cavouriana Società nazionale italiana. Dopo l'Unità, fu deputato della Destra storica nel 1861. Nel 1865 fu nominato senatore del Regno. Ha lasciato una interessante e documentata autobiografia intitolata *Narrazioni storiche* (1856). Su di lui, cfr. G. MONSAGRATI, "Piersilvestro Leopardi", in *Dizionario Biografico degli Italiani* (d'ora in poi *DBI*), vol. 64 (2005), con bibliografia.

[21] Giuditta Bellerio Sidoli (1804 – 1871), figura femminile particolarmente emancipata per la sua epoca, fu tra i fondatori del giornale "La Giovine Italia". Figlia del barone Andrea Bellerio, magistrato nel Regno Italico, a soli sedici anni sposò il conte Giovanni Sidoli, possidente terriero di Montecchio ed iscritto alla carboneria modenese con lo pseudonimo di "Decade". Per sfuggire agli arresti ordinati da Francesco IV d'Asburgo-Este, che avrebbero portato al cosiddetto "processo di Rubiera", Giovanni Sidoli riparò in Svizzera nel 1821 e la moglie lo seguì non appena nata la figlia Maria. La famiglia dovette restare in Svizzera, in seguito alla sentenza di morte pronunciata contro Sidoli, che morirà per una grave malattia ai polmoni nel 1828. Giuditta rientrò in Italia, su invito di Ciro Menotti, per partecipare ai moti di Reggio Emilia del 1831; fu lei a consegnare alla neo costituita "Guardia Civica" la bandiera tricolore poi esposta sul palazzo del municipio e oggi conservata al cittadino Museo del Tricolore. Dopo il fallimento dell'insurrezione, per sfuggire alla repressione austriaca, prese nuovamente la via dell'esilio: prima a Lugano e poi a Marsiglia. Nella sua casa, al numero 57 di rue de Féréol, ospitò molti esuli italiani e, tra questi, Giuseppe Mazzini, del quale divenne amante e collaboratrice politica. Dalla loro relazione nacque il figlio Adolphe, morto in tenerissima età. Con Mazzini, nel 1832, Giuditta fondò il

giornale politico "La Giovine Italia", assumendone il ruolo di responsabile e contabile. Saputo dell'imminente arresto di Mazzini, a quel tempo gravemente malato, da parte delle autorità francesi, lo seguì nell'esilio di Ginevra per accudirlo. Anche dopo aver concluso la loro relazione sentimentale, Mazzini e la Sidoli restarono lungamente in contatto epistolare. Dopo un lungo e travagliato peregrinare Giuditta Sidoli venne arrestata ed incarcerata a Modena, nel dicembre 1849, e trasferita a Milano nel febbraio 1850, su ordine del generale Radetzky. Riuscì a scampare il carcere grazie alla minore severità verso i nobili del generale Ferencz Gyulai, sostituto di Radetzky, messo a riposo dall'Imperatore d'Austria il 28 febbraio 1850, al comando della 2ª Armata Austriaca. Trasferitasi definitivamente a Torino, sul finire del 1852, la nobildonna diede vita ad un salotto politico frequentato dalle maggiori personalità risorgimentali dell'epoca, contribuendo a preparare il terreno culturale per la seconda guerra di indipendenza. Nel 1868 Giuditta Bellerio Sidoli si ammalò gravemente di tubercolosi e, il 28 marzo 1871, si spense a Torino, stroncata da una polmonite, dopo aver rifiutati i sacramenti religiosi, coerentemente con la sua dichiarazione di "credere liberamente nel Dio degli esuli e dei vinti, non in quello imposto dalla Chiesa". Per la Bellerio Sidoli cfr., definitivamente, B. BERTOLO, *Donne del Risorgimento. Le eroine invisibili dell'unità d'Italia*, Torino, Ananke, 2011, *passim*, con bibliografia (a cui si aggiunga anche P. MORETTI, *Donne repubblicane*, Roma, LPM, 1945, *passim*, non presente negli spogli bibliografici usati dalla Bertolo).

[22] Ernesto Nathan (1845 – 1921) nacque a Londra dalla pesarese Sara N. Levi e da Mayer Moses Nathan, agente di cambio tedesco naturalizzato inglese, che morì quando il ragazzo aveva quattordici anni. In Italia fin dal 1859, visse l'adolescenza e la prima giovinezza tra Firenze, Lugano, Milano e la Sardegna, dove fu inviato ad amministrare un cotonificio che però fallì. L'influenza di Mazzini, amico di famiglia dai tempi londinesi, incise fortemente nella sua formazione e sul suo orientamento culturale e politico. Giunse a Roma a 25 anni, nel 1870, per lavorare come amministratore al

mazziniano *La Roma del Popolo*, così presto si dedicò alla politica, con impronta convintamente laica e anticlericale. Dal 1879 aderì alla sinistra storica, nello schieramento di Francesco Crispi e nel 1888 ottenne la cittadinanza italiana onoraria dalla città natale della madre, Pesaro, dove ricoprì la carica di consigliere provinciale dal 1889 al 1895. Nel 1887 entrò nella Massoneria, diventando Gran Maestro del Grande Oriente d'Italia nel 1896, succedendo ad Adriano Lemmi e rimanendo in carica fino al 1903. Nell'aprile 1898 Nathan fu eletto consigliere al comune di Roma e più tardi nominato assessore all'Economato e ai Beni Culturali, un incarico amministrativo di grande rilievo mentre la capitale subiva una tumultuosa crescita edilizia e demografica. Il Nathan venne poi venne eletto sindaco nel 1907, e la sua amministrazione, durata fino al 1913, fu improntata ad un forte senso d'etica pubblica di dichiarata ispirazione mazziniana, ed ebbe come baricentro principalmente due questioni: lo sforzo di governare la gigantesca speculazione edilizia che si era aperta con il trasferimento della capitale a Roma, e un vasto piano d'istruzione per l'infanzia e il sostegno alla formazione professionale pensati e realizzati in chiave assolutamente laica. Va ricordato, in questa sede, che il Nathan fu il principale curatore della pubblicazione degli scritti mazziniani, veste nella quale De Roberto lo ricorda nella recensione. Su tale questione, che è alla base di tutte le riflessioni derobertiane relative alle lettere dei corrispondenti di Mazzini, vedi ora M. FINELLI, "L'eredità di Mazzini: l'Edizione Nazionale degli Scritti", in AA.Vv, *Atti del Convegno Mazzini e la democrazia in azione, atti del Convegno*, ora in *La Capitanata. Rassegna di vita e studi della provincia di Foggia*, 20 (2006), pp. 127 – 138, in part. pp. 129 – 131 e (per un supplemento bibliografico), ivi la n. 9. Sulle vicende della famiglia Nathan nel Risorgimento, cfr ora A. M. ISASTIA, *Storia di una famiglia del Risorgimento. Sarina, Giuseppe, Ernesto Nathan*, Torino, UPTE, 2010.

[23] Nato a Torino nel 1799, e laureatovisi in giurisprudenza, Domenico Barberis fu impegato presso l'intendenza di Alessandria, dove intraprese una rapida carriera amministrativa. Pur amico di Gioberti, non partecipò ai moti del 1821, legandosi invece alla

massoneria, dalla quale si staccò nel 1831 per aderire alla "Giovine Italia": assieme ad altri patrioti piemontesi, fece parte della giunta centrale mazziniana in Torino. Avendo il Mazzini stabilito che una insurrezione generale avesse luogo negli Stati sardi tra il maggio e il luglio 1833, il Barberis ritenne tale data prematura; tale dissidio rimase soltanto teorico, poiché la scoperta dei complotto mazziniano ne rese impossibile l'attuazione. Denuciato da alcuni delatori e accusato di alto tradimanto, il Barberis venne condannato a morte in contumacia dal Consiglio divisionario di Alessandria nel 1833. Rifugiatosi a Lione, si impiegò presso una casa di commercio, mantenendo vivi i contatti con il Mazzini attraverso Giuseppe Lamberti. In un primo momento parve che il Barberis pur continuando ad aderire agli ideali della "Giovine Italia", non volesse sentirsi legato all'associazione. In seguito però vi rientrò sotto il falso nome di Della Porta, prendendovi il posto del Fontana Rava, con cui era in contatto e che era rientrato in Piemonte. Da Lione svolse una vastissima attività per diffondere le idee mazziniane: nel 1843 risulta capo della "Giovine Italia" in quella città. Concessa da Carlo Alberto l'amnistia, il moderato Barberis, da tempo in polemica con Mazzini, tornò a Torino nel 1848, dove – poco tempo dopo e per intervento dell'amico Berghini – venne reintegrato nei ruoli dello Stato. Pur non abbandonando i suoi ideali repubblicani e rivoluzionari, il Barberis condivise le speranze di quanti confidavano nel Piemonte monarchico: aveva mutato parere anche su Pio IX e auspicava che lo stesso Mazzini, abbandonata la pregiudiziale repubblicana e tolta quindi forza alle velleità indipendentistiche e repubblicane di Milano e di Venezia, facesse "per un momento convergere le sue opinioni a pro' della santa causa" (lettera al Berghini, in A. NERI, "Un condannato del 1833", in *Rivista storica del Risorgimento italiano*, 3 (1898), pp. 895 – 964, in part. p. 945). Promosso nel 1860 capodivisione al Ministero dell'Interno, venne collocato a riposo nel febbraio del 1863. Morì nella città natia il 16 dic. 1866. Per queste notizie, e per una bibliografia in proposito, cfr. A. SCOLARI SELLERIO, "Domenico Barberis", in *DBI*, vol. 6 (1964), con bibliografia.

[24] Laureato in legge a Parma nel 1820, Pasquale Berghini fu coinvolto nei moti insurrezionali del 1831, dopo i quali tornò a Sarzana. Si iscrisse alla "Giovine Italia" e nel 1833 fu condannato a morte in contumacia, con Giuseppe Mazzini, per la diffusione di idee repubblicane nell'esercito piemontese. Esiliato in Corsica, poi a Parigi e Londra, ebbe contatti anche in esilio con Mazzini. Alla fine degli anni '30 si allontanò dalle posizioni mazziniane, portandosi su posizioni più moderate. Nella sua attività politica fu due volte deputato, nel 1848 e dal 1849, la seconda volta membro di commissioni parlamentari; nel 1869 fu eletto sindaco della sua città. Ritornò in Italia nel 1840 a Lucca, dove fu segretario della società per la costruzione della ferrovia Lucca-Pisa, ferrovia inaugurata nel 1846. Ottenne la grazia nel 1847 e poté tornare a Sarzana. Fu legato a Vincenzo Gioberti fin dal 1832, il quale, durante il suo governo, gli diede incarichi diplomatici. Si allontanò dalla vita politica nazionale dopo un dissenso con la politica di Cavour. Sul Berghini, e con bibliografia, cfr. B. DI PORTO, "Pasquale Berghini", in *DBI*, vol. 9 (1967), con bibliografia.

[25] Federico Campanella nacque a Genova il 10 luglio 1804 da Sebastiano e da Benedetta Tassara. Laureato in legge nel 1929 all'Università di Genova, dove per il suo acceso anticlericalismo ebbe sanzioni disciplinari e varie sospensioni, fu amico di Giuseppe Mazzini e tra i fondatori, assieme ai fratelli Ruffini, del primo comitato genovese della Giovine Italia. Dopo aver partecipato alla spedizione mazziniana in Savoia nel 1834, al fallimento del tentativo insurrezionale andò esule in Svizzera e poi riparò a Marsiglia presso Luigi Amedeo Melegari. Rientrato in Italia partecipò al moto milanese delle cinque giornate come volontario. L'anno successivo fu tra i protagonisti dell'insurrezione di Genova come membro del governo provvisorio e capo di stato maggiore della Guardia Nazionale con il grado di colonnello. Dopo che la rivolta venne repressa nel sangue dal generale La Marmora, Campanella si recò a Roma, con Goffredo Mameli e Nino Bixio, dove come soldato semplice fu con Garibaldi alla difesa della Repubblica Romana. Al ritorno del Papa a Roma scappò ad Atene e poi a Parigi. Nel 1851 fu

tra coloro che si opposero al colpo di stato di Luigi Napoleone Bonaparte, ma alla salita al trono di quest'ultimo si rifugiò a Londra. Qui si rimise in contatto con Mazzini e si adoperò per organizzare il Partito d'Azione. Tornato in Italia al tempo della seconda guerra d'indipendenza, seguì Garibaldi nella spedizione dei Mille. Dopo la proclamazione del Regno d'Italia, il 22 giugno 1862 fu eletto deputato al Parlamento in Basilicata, ma la sua accesa fede repubblicana lo spinse a rassegnare le dimissioni da deputato nel 1863 perché la Camera aveva approvato la repressione in Sicilia. Continuò ad occuparsi di politica e fu tra i più instancabili organizzatori del partito repubblicano e del movimento massonico italiano. Nel 1868 divenne Gran maestro dell'Obbedienza Scozzese (dipendente dal Supremo Consiglio di Palermo). Sul Campanella, vedi A. SCIROCCO, in *DBI*, vol. 17 (1974), "ad vocem", con bibliografia.

[26] Carlo Bianco di Saint Jorioz nacque a Barge (Cuneo) il 10 aprile 1795 da Giambattista, avvocato collegiato a Torino, e da Paola Giuseppina Peyretti di Condove. Iniziati gli studi di giurisprudenza all'università di Torino, con la Restaurazione intraprese la carriera militare venendo nominato sottotenente, e poi tenente, del reggimento dei dragoni del re. Orientatosi verso posizioni liberali avanzate e entrato in rapporti con nuclei di federati, svolse una efficace attività cospirativa all'interno del suo reggimento, tanto che figurò tra i principali promotori del movimento insurrezionale di Alessandria del marzo 1821. Dopo il fallimento del movimento rivoluzionario, il Bianco riuscì a lasciare il paese imbarcandosi a Genova alla volta della Spagna, mentre il procedimento aperto contro di lui per alto tradimento si chiudeva con la condanna a morte e la confisca di tutti i suoi beni. In Spagna combatté per la causa costituzionale in Catalogna, distinguendosi nei fatti d'arme della primavera 1823. Arrestato subito dopo a Malaga, riuscì a fuggie, riparando a Gibilterra, da dove s'imbarcò per la Grecia, e di lì per Malta. Nell'esilio maltese il Bianco meditò a lungo sulla questione della rivoluzione nazionale italiana, consegnando il frutto delle sue riflessioni in un trattato stampato a Malta con il titolo *Della*

guerra nazionale d'insurrezione per bande,applicata all'Italia. Trattato dedicato ai buoni italiani da un amico del paese (Italia 1830), a cui seguì un semplificato *Manuale pratico del rivoluzionario italiano desunto dal trattato sulla guerra d'insurrezione per bande*, testi in cui teorizzava – primo al mondo – la guerra partigiana come unico antidoto alle oppressioni straniere. I moti del '30 e del '31 lo trovarono in Francia, sia come partecipante che fra gli organizzatori della fallita spedizione mazziniana in Savoia. Dopo questi avvenimenti, il Bianco fece parte della Congrega centrale della "Giovine Italia", e cooperò attivamente alla preparazione della seconda spedizione sulla Savoia, nel corso della quale ebbe il comando di una delle colonne d'invasione. Fallita anche la spedizione in Savoia, il Bianco fu tra i firmatari dell'atto costitutivo della *Giovine Europa* (15 apr. 1834), ma costretto poco dopo a lasciare la Svizzera (anche per le pressioni del governo francese) esulò a Bruxelles, donde continuò a mantenersi in contatto epistolare con Mazzini allontanandosi però gradatamente da una partecipazione attiva alla lotta politica. Nella città belga, dov'era riparato con la sua famiglia, visse premuto dal bisogno e logorato dallo sconforto, anche per morivi familiari. In questo quadro maturò nel Bianco il proposito di porre fine ai suoi giorni, che attuò il 9 maggio 1843 annegandosi in un canale di Bruxelles. Su di lui, cfr. F. DELLA PERUTA, *DBI*, vol. 10 (1968), "ad vocem", con bibliografia.

[27] Di questo Fucci non si sa nulla, se non che versava in precarie condizioni ecoromiche, almeno a quanto risulta da vari passi dell'epistolario mazziniano. Per tali scarsissime notizie, si veda G. MAZZINI, *Scritti editi ed inediti*, Imola, Galeati, 1906 – 1943, serie III ("Epistolario"), vol. XXIII, pp. 212 e 302, (d'ora in poi citato come MAZZINI, *Epistolario*, etc.).

[28] L'avvocato Lorenzo Lesti, dei cui dati anagrafici si sa solo che era nativo di Agugliano in provincia di Ancona, risulta essere membro della "Giovine Italia" sulla base di un "ruolo generale dei federati dipendenti dalla Congrega d'Ancona eretta nel 1° marzo 1832", organizzazione della quale era anche il capo (e cfr. il suo brevissimo profilo in D. – G. SPADONI, *Uomini e fatti delle Marche nel Risorgimento*

italiano, Macerata, UTO, 1927, p. 49 e n. 4, con bibliografia). Così, dubitativamente, in MAZZINI, *Epistolario*, vol. II, p. 188, n. 2. Lesti è anche ricordato come membro della "Camera di Disciplina dei Procuratori" pontifici in Ancona per l'anno 1835 (cfr. *Calendario della Città di Ancona, dedicato a Sua Eccellenza Reverendissima Monsignor Gasparo Grassellini, Delegato Apostolico della città e provincia di Ancona*, Ancona, dalla Tipografia Baluffi, 1835, p. 105) e come amico del generale Cubiéres, comandante la piazza militare di Ancona all'epoca dell'occupazione francese della città (cfr. SPADONI, *Uomini e fatti* cit., p. 49). Qualche anno dopo la costituzione del nucleo mazziniano nel capoluogo marchigiano (presumibilmente non molto dopo la data summenzionata), Lesti fu costretto ad andare esule prima in Inghilterra e poi a Parigi, ove – stando al Lamberti – gestiva una profumeria. Il Lesti doveva avere un qualche ruolo di rilievo all'interno della "Giovine Italia", dal momento che spesso Mazzini raccomanda i suoi corrispondenti di comunicare le proprie istruzioni anche a lui (e vedi, ad esempio, MAZZINI, *Epistolario*, vol. XIII, p. 14 e p. 72). In seguito, tuttavia (e vedi ivi, p. 374, n. 2), l'esule aguglianese dichiarò di non voler più far parte dell'associazione mazziniana. Su di lui, vedi anche L. MARINI, *Il Risorgimento d'Italia nelle carte dell'Archivio della Madonna di Loreto dal 1815 al 1861*, Città di Castello, Lapi, 1911, pp. 110 ss.gg.

[29] Giacomo Ciani (1776 – 1868), banchiere e deputato all'assemblea comunale di Lione (1802), fece poi parte della deputazione dei collegi elettorali del Regno Italico al congresso delle potenze alleate a Parigi (1814) per impedire il ritorno dell'Austria. Intimo di F. Confalonieri, col fratello Filippo prese parte alla rivoluzione piemontese del 1821, rifugiandosi poi a Ginevra, in Inghilterra (1823) e nuovamente a Ginevra, ove conobbe il Mazzini e ne divenne amico. Fissatosi poi a Lugano e presa la cittadinanza svizzera, pur partecipando alla vita politica di quel paese non dimenticò la causa italiana, per la quale molto egli fece mercé l'attività pubblicistica della tipografia già Ruggia, dal C. acquistata nel 1842 e denominata Tipografia della Svizzera Italiana. Nel marzo 1848, avuta notizia dell'insurrezione milanese, nonostante avesse

ormai 72 anni partì con un gruppo di volontari per la città lombarda, ove entrò a liberazione avvenuta. Fu lui a finanziare la colonna di carabinieri ticinesi comandati dall'Arcioni che partecipò alle operazioni militari contro l'Austria. Conclusasi sfortunatamente la guerra, operò nel Ticino a favore dei numerosi emigrati italiani. Nel 1850 aderì all'iniziativa mazziniana del prestito nazionale per l'acquisto di armi e fu depositario delle cartelle. Ma nel 1853, di fronte ad un nuovo tentativo mazziniano di ottenerne collaborazione e aiuto, rispose negativamente perché convinto ormai, sotto l'influenza del Cattaneo, che occorresse soprattutto puntare sulle "cose d'opinione". Ecco perché, dopo il 1848, fu assorbito quasi esclusivamente dall'attività di editore; fu lui a promuovere l'edizione italiana dello scritto del Cattaneo *Dell'insurrezione di Milano nel '48*, e, la diffusione di altre opere che avevano il fine specifico di rafforzare l'opinione nazionale. La gioia per la definitiva liberazione di Milano e per l'unificazione nazionale fu per il Ciani offuscata dall'essere stata realizzata dalla monarchia sabauda. Morì a Lugano il 15 maggio 1868. Su di lui, cfr. inizialmente L. AMBROSOLI, "Giacomo Ciani", in DBI, vol. 25 (1981), con appendice bibliografica; e soprattutto AGUZZI, *Riforma* cit., pp. 119 – 120 e p. 152 n. 44, non citato nell'articolo precedente.

[30] Eleuterio Felice Foresti (1789 – 1858), patriota veneto, fu ufficiale dell'esercito napoleonico fino al 1811. In quell'anno, avendo conseguito nel 1809 la laurea in legge a Bologna, viene nominato giudice di pace a Crespino, in provincia di Rovigo, venendo confermato nell'incarico, nel 1814, dal subentrante governo austriaco che lo nominerà poi, nel 1818, pretore presso la stessa cittadina. Nel 1817 entra in Carboneria nella Vendita di Ferrara ricevendo tutti i Gradi. Gli viene affidato l'incarico di diffonderla negli Stati Austriaci. Nel gennaio 1819 il Foresti viene arrestato dalla polizia austriaca; giudicato reo di cospirazione, viene dapprima condannato a morte, ma la sentenza è in seguito commutata in 20 anni di carcere duro. Imprigionato al castello di Spielberg, in Moravia, dove rimane fino al 1835, diviene amico del Borsieri e del Pellico. Offertagli la possibilità di emigrare negli USA, accetta, e

raggiunge New York nel 1836. Qui, nel 1838, dopo la morte di Lorenzo Da Ponte, riesce ad ottenere la cattedra di letteratura italiana presso il Columbia College, ottenendo anche, tre anni dopo, la cittadinanza americana. Costituita a New York la Congrega Centrale della "Giovine Italia" per l'America del Nord, gliene viene affidata la Presidenza. Nel 1850 fonda a New York "L'Esule Italiano", rivista in lingua italiana, e viene nominato Delegato del "Triumvirato romano" in America. Nominato dal presidente Pierce, nel 1853, primo console americano a Genova, lascia New York nel 1856, raggiungendo il capoluogo ligure ove espleterà la sua funzione senza venir meno ai suoi ideali libertari e ove morirà, infine, il 14 settembre 1858. Su di lui, vedi anche la bibliografia reperibile in M. MENGHINI, "Eleuterio Felice Foresti", in Enciclopedia Italiana (1932), "con smilza bibliografia.

[31] Del Francia, livornese e dal Mazzini definito altrove "critico di Livorno" per le sue posizioni dubitative, si sa solo che era un affiliato alla "Giovine Italia" e che aveva cercato di convincere il Lamberti a stampare il manoscritto d'un romanzo della forlivese Ifigenia Zauli Sajani, moglie del più noto Tommaso (1802 – 1872). Costui prese parte prese parte ai moti del 1831 (quando fondò a Forlì il giornale patriottico "L'Emilia") e si batté nel 1848 – 1849, andando esule in Francia. Recitò spesso le sue tragedie (*Marco Botzari; Farinata degli Uberti; Il duca Valentino*), aiutato anche dalla moglie Ifigenia Gervasi, che a sua volta scrisse drammi e romanzi storici (*Gli ultimi giorni dei cavalieri di Malta*, 1841; *Beatrice Alighieri*, 1853). Per la scarna notizia sul Francia, cfr. l'epistolario di Mazzini, in *Scritti editi ed inediti*, Imola, Galeati, 1906-1943, vol. XXIV (XII dell'epistolario, 1916), p. 11, n. 2. Per le altre notizie, cfr. G. ZAULI SAJANI, *Note cronologiche su la vita e su le opere di Tommaso Zauli Sajani*, Forlì, Tip. Democratica, 1912, pp. 17 – 22.

[32] Del Moreali, oltre a ciò che ne dice De Roberto, si sa solo che fu un insegnante e che ha lasciato un trattato di grammatica dal titolo *Nuova teoria de' verbi italiani* (Modena, s.e., 1844).

[33] Di Giuseppe Zacheroni (1800 – 1876), avvocato imolese e buon dantista (*Lo Inferno della Commedia di Dante Alighieri, col comento di*

Guiniforto delli Bargigi tratto da due manoscritti inediti del sec. decimo quinto; con introduzione e note dell'avv. G. Zacheroni, Marsilia-Firenze Mossy & Molini, 1838; *Del primo canto della Divina Commedia di Dante: comenti [di]* G. *Zacheroni,* Marsiglia, Mossy, 1840; *Gli ozi di un esule, miscellanea dell'avvocato* G. *Zacheroni,* ivi, 1843; *Agli elettori del collegio d'Imola: lettera dell'avvocato* G. *Zacheroni, Torino, 10 ottobre 1865,* Torino, tipografia V. Vercellino, 1865; e G. ZACHERONI, *Osservazioni sull'uso dei testi, e delle autorita riportate in una stampa legale intitolata fatto, e diritto nella causa in grado di appello della signora Maddalena Barbieri Baldazzi contro i sacerdoti Gian-Battista, e Carlo Porrini fratelli imolesi in punto di prova d'obbligo di vitalizia prestazione,* s.l., s.e e s.d. [ma 1845?]) si sa che fu amico di Garibaldi (che aveva conosciuto negli USA) e che lo sostenne quando il generale – eletto deputato nel 1875 – ideò l'impresa di far deviare il Tevere a sud di Roma onde bonificare l'Agro Romano. Lo Zacheroni, nel marzo 1876, si preoccupò di trovare finanziatori all'impresa garibaldina nelle persone di Luigi Schanzer e Salvatore del Castrone, rappresentanti il gruppo bancario Hermann e Goldsmid di Vienna, facendosi mallevadore di costoro presso l'allora primo ministro Marco Minghetti. L'affare però non ebbe seguito, principalmente per la caduta del ministero Minghetti e, di lì a poco, per la morte dello stesso Zacheroni. Per queste ultime notizie, vedi A. CARACCIOLO, "Interessi internazionali nell'impresa di Garibaldi per la deviazione del Tevere", in *Rassegna Storica del Risorgimento Italiano,* 1 (1954), pp. 292 – 298, in part. p. 297.

[34] Da una sorella dell'Avvocato Gian Giacomo Domenico Bertarione nacque il 6 novembre 1781 il piemontese Pietro Giuseppe Fontana Rava. Dopo la laurea e l'abilitazione a svolgere l'ufficio di notaio, divenne segretario comunale di Vico Canavese e cancelliere della locale Regia Giudicatura. Lo storico Giacomo Felice Saudino lo definisce uomo dal carattere affabile e gioviale, cultore dell'amicizia. Fu lui, in prima persona, a radunare i congiurati valbrossesi 12 marzo 1821 e con essi, il giorno seguente, scese ad Ivrea, dove, coadiuvato da Allemanni, Palma, Aymini e Trompeo, dapprima fu autore della violenta scarcerazione di Turinetti e dello studente

Ciochetti, per poi proclamare trionfalmente la costituzione di Spagna al Palazzo di Città. Chi ne parlò in seguito, descrisse l'evento con terrore, quasi che fosse stata un'orda di barbari armati ed urlanti. La tradizione vuole che egli abbia pagato un intero maiale quale colazione ai suoi compagni, presso l'antico Albergo della Merla. Il 30 marzo dello stesso anno fece trarre in arresto il capitano Avogadro di Collobiano e il maggiore Faverges che diffondevano i proclami di re Carlo Felice esule a Modena. Dopo la repressione dei moti, una sentenza del 13 aprile 1822 lo condannò a venti anni di carcere, commutato poi in esilio a vita. Singolare la storia del tentativo della sua cattura. Le guardie reali, giunte a tarda notte a Vico per arrestarlo, furono sviate da una donna cui avevano chiesto informazioni su dove il Fontana abitasse, la quale, dopo averli dirottati, andò ad avvisare del pericolo l'interessato. Egli poté quindi fuggire in modo alquanto rocambolesco – pare calandosi dal tetto su un vicino albero – e rifugiarsi in Svizzera prima, poi, attraversando la Francia dove incontrò l'amico Mazzini, in Spagna dove si arruolò nella legione degli emigrati italiani col soprannome di Sor Pero (soprannome che gli era dato in Vico). Queste notizie contrastano con quelle reperibili in MAZZINI, *Epistolario*, vol. X, pp. 83 – 84, n. 1, dov'è detto invece che il Fontana Rava venne effettivamente catturato a S. Salvario. Dopo tali avvenimenti, combatté con Pacchiotti nella battaglia di Liers nel 1823. Qui fu arrestato e condotto a Bourges. Dopo il rilascio andò esule a Bruxelles, poi ad Amsterdam e quindi a Lione, ove rimase almeno fino al 1848 collaborando, ancora una volta, con Mazzini per la costituzione della Congrega di quella città. In Francia fu anche membro influente della Società degli Amici del Popolo di Parigi. Rimane incerta la data della revoca della sua pena, anche se, almeno secondo i citati epistolari mazziniani, è possibile che egli sia stato compreso nell'indulto del 24 marzo 1842: il suo nome è infatti citato negli elenchi dei notai canavesi già all'anno 1838 (e cfr. *Calendario Generale pe' Regii Stati, compilato d'ordine di S.M., per cura della Regia Segreteria di Stato per gli Affari Interni, anno XV*, 1838, Torino dalla tipografia di Giuseppe Pomba e C., p. 242). Ritornato a Vico nel

1848, minato nella salute, fu circondato dall'affetto e dalla condivisione dei suoi compaesani, che lo onorarono finché non si spense nella sua casa la sera del 1 novembre 1849. Buona parte di queste notizie, segnalatemi dal dott. Andrea Tiloca che ringrazio vivamente, in G.F. SAUDINO, *I martiri valbrossesi del 1821*, Ivrea, Enrico Edizioni, 1960[2].

[35] Per quel che concerne il Danesi, le uniche notizie che se ne sanno riguardano il fatto che il suo nome è citato negli atti del celebre processo intentato nel 1825 ai sovversivi nello Stato della Chiesa dal famigerato cardinale Agostino Rivarola (e cfr. M. PERLINI, *I processi politici del cardinal Rivarola*, Mantova, Tip. Mondovì, 1910; e P. UCCELLINI, *Memorie di un vecchio carbonaro ravegnano*, Roma, Società Editrice Dante Alighieri, 1898, pp. 160 ss.gg., ora ristampate anastaticamente, e vedi ivi, Longo, Ravenna 2003), e – indirettamente – che fu uno degli organizzatori del moto insurrezionale di La Spezia e Lerici dell'autunno 1853 (e cfr. A. MARRA, *Pilade Bronzetti un bersagliere per l'unita d'Italia: da Mantova a Morrone*, Milano, F. Angeli, 1999, pp. 116 ss.gg). Secondo il Pagano (vedi L.A. PAGANO, "Garibaldi nei rapporti degli agenti diplomatici napoletani", in *Rassegna storica del Risorgimento Italiano*, 1 (1949), pp. 137 – 158, in part. p. 150), nei dispacci intercorrenti fra i mazziniani e i garibaldini dell'Italia del nord "si faceva cenno pure di altre spedizioni progettate concorrenti a quella di Lerici, una contro lo Stato Pontificio organizzata da Cesare Agostini, altra preparata nel Ticino e diretta pure dai noti mazziniani Adriano Lemmi e Giovanni Grillenzoni, una terza che si sarebbe effettuata, in tempo successivo, con uno sbarco in Sicilia, e se ne designavano organizzatori Natale Danesi, Antonio Tripoti, Giuseppe Del Re, Ulisse Sabatini e tal Siniscalchi [...]". All'origine di queste notizie, e per quella per cui, teste Lamberti, il Danesi si era recato in Francia essenzialmente per motivi di salute, cfr. MAZZINI, *Epistolario*, vol. IX, p. 276 e vol. XV, p. 90, n. 1.

[36] Giuseppe Andrea Pieri nacque Santo Stefano di Moriano, una frazione di Lucca, nel 1808. In seguito ad un furtarello di cui fu accusato, emigrò giovane in Francia dove prestò servizio nella

Legione straniera francese. Stabilitosi a Parigi, lavorando come cappellaio, entrò in contatto con la "Giovine Italia" di Giuseppe Mazzini e militò nella "Unione degli operai italiani", organizzata nella capitale francese sempre dai fuoriusciti mazziniani. Nel 1848 prese parte alla rivoluzione parigina e alla prima guerra di indipendenza in Italia come ufficiale dei bersaglieri, dai quali fu cacciato nel 1849 accusato di concussione. Tornato in Francia, il colpo di stato di Luigi Buonaparte del 2 dicembre del 1851 lo costrinse ad emigrare a Londra, dove conobbe Felice Orsini. Nella capitale inglese il Pieri visse dando lezioni di lingue. Il 14 gennaio 1858, a Parigi, partecipò con Carlo Di Rudio e Antonio Gomez all'attentato a Napoleone III di Francia ordito da Felice Orsini. Catturato pochi istanti prima dell'attentato, l'ispettore di polizia Hérbert gli trovò addosso una bomba dirompente, una rivoltella e un passaporto tedesco in cui il suo nome era alterato in Pierey. L'arresto del Pieri impedì il lancio di un'altra bomba, che sarebbe stata l'ultima, ossia la quarta. Processato il 25 febbraio con l'accusa di essere stato complice nell'attentato che causò la morte di 8 persone e un centinaio di feriti, fu riconosciuto colpevole, condannato – è scritto nella sentenza – "a morte per parricidio e condotto sul luogo dell'esecuzione in camicia, a piedi nudi, con il capo coperto da un velo nero. Verrà esposto sul patibolo, mentre un usciere darà lettura della sentenza e sarà giustiziato subito dopo [...]". La mattina del 13 marzo, nella piazza antistante la prigione della Roquette, di fronte ad un pubblico numeroso, il Pieri fu ghigliottinato e poco dopo la stessa sorte capitò a Felice Orsini. Per queste notizie, vedi R. CAPPELLI, *Il processo a Felice Orsini: l'ultimo martire risorgimentale o il primo terrorista internazionale?*, Cesena, Il Ponte Vecchio, 2008.

[37] Felice Orsini (1819 – 1858) fu affidato dal padre, ex ufficiale napoleonico, alle cure di uno zio a Imola perché attendesse agli studi. Ancora giovinetto diede prova di audacia e di disposizione alla vita avventurosa, poiché, avuta notizia della rivoluzione del 1831, insieme con altri suoi coetanei tentò (1832) di fuggire ad Ancona per arruolarsi con le truppe francesi. Colpevole (1836)

dell'omicidio di un domestico, fu condannato, e liberato dopo sei mesi di reclusione, avendo manifestato l'intenzione di entrare nella Compagnia di Gesù. Lasciato ben presto l'istituto dei gesuiti di Chieri, fu a Bologna, ove si laureò in legge e si iscrisse alla "Giovine Italia". Arrestato (1844) per aver fondato una nuova società segreta, la Congiura Italiana dei figli della morte, fu condannato alla galera a vita nel forte di Civita Castellana, da dove uscì nel luglio del 1846 per l'amnistia di Pio IX. Prese parte alle agitazioni politiche fiorentine (1846 – 1847) e fu espulso dalla Toscana. Volontario (1848), deputato alla Costituente romana (1849) e commissario a Terracina, Ancona e Ascoli, riparò poi a Nizza, dove strinse relazione con A. Herzen, si occupò di studi politici e geografici, attese ad affari di commercio e pubblicò: *Memorie e documenti intorno al governo della repubblica romana* (1850). Per incarico di Mazzini (1853 – 1854) tentò di sollevare Sarzana e la Valtellina; arrestato dagli Austriaci, condotto prigioniero in Italia e internato nel castello di Mantova (28 marzo 1855) ebbe modo di corrispondere con gli amici di Zurigo, specie con E. Herwegh, che aiutata da Cironi e da Mazzini favorì quell'evasione (28 marzo 1856) che parve miracolosa. Recatosi in Inghilterra, vi fu accolto festosamente e pubblicò i *Memoirs and adventures* (1857, poi nel 1858 tradotti con profonde modifiche in italiano). Staccatosi da Mazzini, concepì e mise in atto a Parigi (14 gennaio 1858) un attentato contro Napoleone III, convinto che dalla morte dell'imperatore sarebbe scaturita una rivoluzione in Francia e, di conseguenza, anche in Italia. Fallito il colpo, affrontò coraggiosamente il processo e la morte (13 marzo 1858). Dal carcere aveva scritto due lettere a Napoleone III, dove gli raccomandava le sorti dell'Italia; lettere che furono sfruttate da Cavour per convincere l'imperatore della necessità di togliere ai rivoluzionari l'iniziativa per unificare l'Italia. Sull'Orsini, oltre al testo del Cappelli citato nella nota precedente, cfr. G. SPAGNOLI, *Felice Orsini: un romagnolo terribile*, Imola, La mandragora, 2007.

[38] Lorenzo Ranco (ante 1833 – post 1848) è citato più volte sia nel *Protocollo della Giovine Italia* che nell'epistolario mazziniano, dove il Ranco è nominato in parecchie lettere. Talvolta però Mazzini cita

solo il cognome Ranco, creando confusione tra Giambattista e Lorenzo Ranco. In una nota in calce all'introduzione del volume XIX degli Scritti di Mazzini, a proposito della lettera 15 maggio 1840 pubblicata nel *Protocollo della Giovine Italia*, in cui è citato un certo "Lorenzo", si legge: "Lorenzo Ranco, piemontese, forse nativo di Alessandria, dove dimorava tra il 1840 e il 1841. Era stato affiliato alla *Giovine Italia* durante il primo periodo dell'Associazione. Non si sa se fosse parente di quel Giambattista Ranco, compromesso nei moti del 1821; è però quello stesso che collaborò all'*Italiano*". L'*Italiano* era una rivista letteraria fondata a Parigi nel 1836 dall'esule romano Michele Accursi, sulla quale Mazzini pubblicò numerosi articoli. Per queste notizie, si ringrazia vivamente la dott.ssa Liliana Bertuzzi.

[39] Giambattista Cuneo (1809 – 1875), onegliese, è noto per aver introdotto Garibaldi nella Giovine Italia. Amico e corrispondente di Mazzini, diresse con Elia Benza, Carlo Belgrano e altri patrioti della zona d'Imperia un fallito moto insurrezionale nel 1833. In seguito fu in Uruguai, dove si affiliò alla *Legione Italica* di Garibaldi e dove combattè nella guerra d'indipendenza, distinguendosi nella battaglia di S. Antonio al Salto (1834). Una dettagliata cronaca di questo scontro fu descritta proprio dal Cuneo in un articolo pubblicato dal "Legionario italiano", organo degli esuli italiani in Sudamerica da lui personalmente gestito e diretto. Per tali notizie, cfr. A. GANDOLFO, *La provincia d'Imperia: storia, arte, tradizioni*, 2 voll., Torino, Blu Edizioni, 2005, in part. vol I, pp. 550 ss.gg.

[40] Gaetano Frediani (1811 – 1872) fu poeta e librettista (della sua numerosa produzione pre-unitaria vanno ricordati *Liutprando: melodramma in due atti da rappresentarsi nel Real teatro del Fondo, la poesia e del cav. Gaetano Frediani; la musica e del maestro Antonino Condorelli*, Napoli, Tipografia Flautina, 1842; *Ad totius Europae optimates allocutio equitis Cajetani Frediani cancellarii*, Neapoli, ex typographia Trani, 1847; *Il ritorno dell'esule nel 1848*, s.l., s.e. s.d., [ma 1848]; e *Fiore all'Italia, per Gaetano Frediani, cavaliere*, Napoli,Trani, 1841). Esule in Tunisia, ospitò Garibaldi nel 1834, offrendo sostegno anche ad altri esponenti dell'emigrazione politica italiana. Queste

notizie in A.G. RICCI, "Garibaldi, Pisacane e l'opzione militare", in http://www.italiaunita150.fondazionespirito.it/relazione_ricci.pdf, ult. cons. 11 luglio 2010; e G. PACE, *Ben Ali all'insegna delle grandi sfide. Italia – Tunisia: storia e cronaca dall'Ottocento alla svolta storica*, Roma, Ed. dell'Oleandro, 2002, pp. 63 – 65.

[41] Poche e contraddittorie le notizie su questo personaggio sassuolese. Di lui si sa che era ingegnere, che il suo pseudonimo era Raffaele Orsi da Forlì e che venne imprigionato a Modena prima della notte del 3 febbraio 1831 (e forse aveva subito lo stesso trattamento, assieme al Fabrizi, anche due giorni prima). La data appare incerta, perché altrove vien detto che egli fu tra coloro "che si distinsero particolarmente nelle azioni del febbraio e del marzo 1831" (e cfr. M. SCHENETTI, *Storia di Sassuolo centro della Valle del Secchia: riveduta e aggiornata fino all'anno 1950*, Modena, Aedes Muratoriana, 1975, p. 308, e n. 115, cui rimontano le notizie precedenti e dove si cita a sostegno A. SORBELLI, *L'epilogo della rivoluzione del 1831: da Rimini a Venezia*, Modena, Soliani, 1931, append. V e VI, pp. 220 – 230). Incerta appare anche la sua professione: in G. SFORZA, *La rivoluzione del 1831 nel ducato di Modena: studi e documenti*, Roma, Società Editrice Dante Alighieri, 1909, p. 83, un non meglio specificato Dallari è detto far parte del corpo degli "officiali". Per concordare le due testimonianze, è ipotizzabile, "exempli gratia", che egli appartenesse al Genio militare, ma mancano altri dati al riguardo. In seguito, fu tra i profughi romagnoli, e in particolare originari della zona di Modena, che vennero rinchiusi nelle carceri di Venezia dopo la cattura della nave *Isotta*, che, partita dal porto di Ancona, aveva tentato uno sbarco sulle coste venete pochi mesi dopo (e cfr. L. PASZTOR, *Sull'epilogo della rivoluzione del 1831. Francesco Bandiera e la cattura della nave "Isotta"*, Bologna, Vighi & Rizzoli, 1959). Più tardi, riparò in Francia dove se ne perdono le tracce. Sul Dallari, cfr. anche MAZZINI, *Epistolario*, vol. II., p. 292. Devo molte di queste notizie al dottor Stefano Bonfatti, che ringrazio vivamente.

[42] Massimiliano era il secondo figlio di Eugène de Beauharnais e della principessa Augusta di Baviera. I suoi nonni paterni furono il

visconte Alexandre de Beauharnais e Giuseppina di Beauharnais, quelli materni il re Massimiliano I di Baviera e la sua prima moglie Augusta Guglielmina d'Assia-Darmstadt. Egli era fratello di Giuseppina di Leuchtenberg, regina consorte di Svezia, moglie del re Oscar. Massimiliano di Baviera nominò Eugène de Beauharnais duca di Leuchtenberg il 14 novembre 1817. Il titolo entrò effettivamente in vigore con l'amministrazione del Principato di Eichstätt. Massimiliano, figlio di Eugenio, venne nominato come i suoi fratelli "Principe di Leuchtenberg" e divenne il secondo erede in linea di successione al ducato. Il 21 febbraio 1824, alla morte del padre, gli successe il fratello maggiore Augusto di Beauharnais, secondo duca di Leuchtenberg, ma dal momento che questi non ebbe figli, Massimiliano divenne suo erede. Augusto sposò la regina Maria II del Portogallo, ma il loro matrimonio non diede eredi, e quando Augusto morì il 28 marzo 1835, Massimiliano venne nominato duca al suo posto. Massimilano eredita, sotto la tutela della madre Amalia, i beni dell' "Appannaggio Leuchtemberg" (ubicati nella Regione Marche) assegnati a suo padre dal Congresso di Vienna, anche se nel 1845 permetterà allo Stato Pontificio di riscattarli. Massimiliano sposò la granduchessa Marija Nikolaevna Romanova il 2 luglio 1839 nella cappella del Palazzo d'Inverno. Ella era la figlia maggiore dello zar Nicola I di Russia e della principessa Carlotta di Prussia. Il suocero Nicola I gli garantì, in data 14 luglio 1839, il titolo di Altezza Imperiale, riconosciutogli come erede di Napoleone Bonaparte, anche se per adozione. Dal matrimonio con la granduchessa Marija Nikolaevna, Massimiliano ebbe sette figli, variamente sposati ad esponenti di spicco della nobiltà europea. Per quanto attiene al nostro discorso, si dirà che Leuchtemberg, proprio a causa dei suoi possedimenti nelle Marche, divenne il centro di un'azione cospirativa rivolta a crearlo re d'Italia, o quantomeno a ritagliare per lui uno stato nell'Italia Centrale da dove poi si potesse dare inizio a una politica espansionistica simile a quella portata poi avanti dalla dinastia sabauda con le prime due Guerre d'Indipendenza. Le mene dei liberali italiani svanirono però proprio a causa della cessione dei possedimenti Leuchtemberg allo Stato della Chiesa. Su di lui cfr. anche MAZZINI, *Epistolario*, vol. XII, pp. 303 – 304, n. 1; e vol. XV, p. 89, n. 2; e soprattutto A.M. GHISALBERTI, "Un Re d'Italia mancato?", in *Roma*, VI (1928), pp. 223 – 233, ora in *Cospirazioni del Risorgimento*, Palermo, Ciuni, 1938, capo III.

[43] Il generale Guglielmo Pepe (1783 – 1855), sposato con la scozzese Marianna Coventry e fratello di Florestano Pepe, entrò nell'esercito in giovane età, frequentando i corsi della Scuola Militare "Nunziatella" a Napoli. Nel 1799 accorse nel capoluogo partenopeo a difesa dell'omonima Repubblica. Dopo essere stato sconfitto dalle truppe borboniche comandate dal cardinal Ruffo, venne catturato ed esiliato in Francia, dove entrò nell'esercito di Napoleone distinguendosi in molte battaglie. Fu poi al servizio sia di Giuseppe Bonaparte che di Gioacchino Murat, i quali si succedettero sul trono di Napoli nel secondo periodo della dominazione napoleonica. Successivamente prese parte alla rivoluzione napoletana del 1820 e fu sconfitto ad Antrodoco dagli austriaci del generale Johann Maria Philipp Frimont in quella che è ricordata la prima battaglia del Risorgimento (7 marzo 1821). Nel 1848, posto al comando del corpo di spedizione che Ferdinando II inviò contro gli austriaci, per i buoni uffici di Daniele Manin gli venne affidata la difesa di Venezia nel cruciale biennio '48/'49. Nuovamente sconfitto ed esiliato, emigrò a Parigi per poi rientrare in Italia nel 1851, trascorrendo i suoi ultimi anni a Torino. Sul Pepe, cfr. L. MANFREDI, *L'uomo delle tre rivoluzioni. Vita e pensiero del generale Guglielmo Pepe*. Foggia, Bastogi, 2009.

[44] Adolphe Thiers uomo politico e storico francese (1797 – 1877), si laureò in legge nell'università di Aix, e, vinto un premio dell'Accademia di Aix con un saggio su Vauvenargues, partì per Parigi il 18 settembre 1821. Giornalista versatile (con i suoi saggi impose la pittura di Delacroix), raggiunse notorietà come storico con la sua *Histoire de la Révolution française*. Nel 1830 collaborò alla fondazione del giornale "Le National", sul quale, insieme a F. Mignet e A. Carrell, condusse una vivace polemica contro Carlo X, favorendo poi l'ascesa al trono di Luigi Filippo d'Orléans. Ministro degli Interni (1832 e 1834-36), sventò il tentativo legittimista della

duchessa di Berry (1832) e represse severamente i moti repubblicani del 1834, contribuendo, dopo l'attentato di G. Fieschi contro Luigi Filippo (1835), a far emanare le cosiddette leggi di settembre, che riducevano drasticamente la libertà di stampa. Primo ministro e ministro degli Esteri nel 1836, si dimise per dissensi sulla politica estera col sovrano; nuovamente presidente del Consiglio e ministro degli Esteri nel 1840, appoggiò le pretese egiziane sulla Siria contro la Turchia, ponendosi in forte attrito con gli Inglesi; entrato ancora in contrasto con il re, che non era pronto a muovere guerra alla Gran Bretagna, fu costretto alle dimissioni. Deputato dopo la rivoluzione del febbr. 1848, sostenne l'elezione alla presidenza della Repubblica di Luigi Napoleone, ma, passato all'opposizione dopo il colpo di stato di quest'ultimo, fu imprigionato ed esiliato (1851-52). Tornato in patria, attese al completamento della *Histoire du Consulat et de l'Empire* (20 voll., 1845-62). Rieletto deputato nel 1863, criticò energicamente la politica estera di Napoleone III, invocando una politica di fermezza contro la Prussia e l'unificazione tedesca; nel 1870 però si oppose al conflitto, ritenendo la Francia impreparata militarmente. Nominato capo dell'esecutivo della Repubblica nel febbr. 1871, dopo la sconfitta francese negoziò con Bismarck i preliminari di pace (26 febbraio) e operò per restaurare l'ordine politico nel paese, stroncando, con l'accordo dei Tedeschi, la Comune parigina. Presidente della Repubblica dall'ag. 1871, dette il via alla rinascita della Francia, e riuscì, con un'abile politica finanziaria, a pagare l'indennità di guerra alla Germania prima del tempo stabilito, liberando anticipatamente il paese dall'occupazione tedesca. Convinto del definitivo tramonto della monarchia, si oppose al ritorno degli Orléans, e fu costretto alle dimissioni nel maggio 1873, di fronte all'opposizione del potente schieramento monarchico. Poco attento al vaglio delle fonti archivistiche e alla ricostruzione critica di ampi quadri problematici, nelle sue opere storiografiche scelse di privilegiare la narrazione dettagliata delle vicende politico-militari e finanziarie, esaltando la necessità di uno stato forte e razionalmente amministrato. Su di lui cfr., comparativamente e di recente, J.P.T. Bury – R.P. Tombs, *Thiers,*

1797 – 1877: a political life, London, Allen & Unwin, 1986; P. GUIRAL, *Adolphe Thiers ou De la necessite en politique*, Paris, Fayard, 1986; WALCH, *Les maîtres de l'histoire* cit. (fondamentale); G. DE MARZI, *Storici e teocratici: Maistre, Thierry, Lamennais, Thiers*, Urbino, Quattro Venti, 1987; e F. MARTEL, *Philosophie du droit et philosophie politique d'Adolphe Thiers*, Paris, LGDJ, 1995.

[45] Giacomo Antonini (1792 – 1854), fu ufficiale napoleonico, partecipando alla campagna di Russia del 1812 e a quella di Germania del 1813; nel 1830 combatté per l'indipendenza della Polonia e fu condannato a morte dai Russi. Riparato in Francia, entrò in contatto con Mazzini e partecipò nel 1834 alla spedizione della Savoia; nel 1843 cercò di sollevare la Sicilia. Tornato in Francia, costituì nel 1848 una Legione nazionale italiana, con cui partecipò alla lotta per l'indipendenza di Venezia; si ritirò poi per sempre a Torino. Fu deputato per tre legislature. Su di lui, cfr. T. TESSARI, "Giacomo Antonini", in *DBI*, vol. 3 (1961), con bibliografia.

[46] Franciszek Gordaszewski (c. 1801 – 1870), attivista politico della grande emigrazione, nonché capitano dell'esercito polacco e del'esercito belga, è considerato come uno dei promotori più attivi della Rivolta di Novembre 1830 – 1831. Dopo l'esito infausto che tali avvenimenti ebbero, venne costretto all'esilio, associandosi al campo democratico e ai Carbonari. In seguito partecipò alla spedizione che consentirà di sostenere il movimento rivoluzionario a Francoforte nel 1833 e a quella in Savoia nel 1834. Nello stesso anno entrò a far parte della "Giovine Europa", e fu poi uno dei fondatori, a Berna, del comitato direttivo della "Giovine Polonia", di cui risultò anche membro. Nel 1837 entrò nell'Unione dell'emigrazione polacca. Scoraggiato dal fallimento della rivoluzione polacca del '48 – '49, si ritirò dalla vita politica e si assicurò un impiego come funzionario delle ferrovie francesi. Su di lui, e sul Dybowski citato in seguito, cfr. anche *Nazione polacca e l'unita d'Italia: catalogo-almanacco dedicato alla fraternita italo-polacca in occasione della Mostra storica "Italia e Polonia nel risorgimento", nel centenario dell'Unita d'Italia e dell'insurrezione polacca del 1863*, Roma, Associazione Italia-Polonia, [1961?].

[47] Su Aleksander Napoleon Dybowski (1811 – 1862), che fu uno dei

padri della costituzione polacca del 1848, cfr. – oltre al testo citato nella nota precedente – pure H. GRAJEWSKI, *Aleksander Napoleon Dybowski i jego project konstytucji dla Polski z 1848 roku*, Zakład Narodowy im. Ossolińskich we Wrocławiu, Łódź, 1959.

[48] Ispiratore, fra gli altri, del poeta Slowacki e del matematico-teosofo Wronski, il mistico lituano Andrzej Towianski (1799 – 1878) può essere considerato un Gioacchino da Fiore del XIX secolo, predicando egli l'avvento di un'epoca nuova fra i Polacchi in esilio, epoca che sarebbe sorta dalla rigenerazione della parola di Cristo. Le sue teorie gnostiche e misticheggianti ebbero in Italia, tra gli altri, un adepto nel presidente del Senato Tancredi Canonico e influenzarono Antonio Fogazzaro, e su questo cfr. E. ROSA, "Una fonte ignorata del modernismo di A. Fogazzaro", *Civiltà Cattolica*, 3 (1913), pp. 3 – 18. Per notizie bio-bibliografiche sul Towianski, vedi M. BERSANO BEGEY, *Vita e pensiero di Andrea Towianski: 1799 – 1878*, Milano, LEM, 1918; sul suo pensiero, cfr. A. ZUSSINI, *Andrzej Towianski, un riformatore polacco in Italia*, Bologna, EDB, 1970. Per altri ragguagli, vedi l'indispensabile L. DEMOFONTI, *La riforma nell'Italia del primo Novecento: gruppi e riviste di ispirazione evangelica*, Roma, Edizioni di Storia e Letteratura, 2003, p. 13, n. 47.

[49] Manfredo Fanti (1806 – 1865) nacque nel 1806 e crebbe come suddito del Ducato di Modena. Esule per aver partecipato alla congiura di C. Menotti, combatté in Spagna (1835) contro i carlisti, prima nelle bande del gen. Mina, poi nell'esercito regolare. Nel 1848 accorse in Italia e si distinse nella prima guerra d'indipendenza. Eletto deputato al parlamento subalpino, partecipò (1855) alla campagna di Crimea e, col grado di generale comandante di divisione, alla seconda guerra d'indipendenza (1859). Nel periodo delle annessioni ebbe l'incarico di organizzare le forze armate della lega dell'Italia centrale. Nel gennaio 1860 fu nominato ministro della guerra e nel marzo successivo capo di S. M.; col grado di generale d'armata, ebbe il comando supremo dell'esercito operante nell'Italia centrale e meridionale, dove si segnalò nella presa di Gaeta. Dopo la guerra, riorganizzò l'esercito, assimilando in esso elementi delle armate borbonica e garibaldina; fu deputato, senatore e fondatore

della Scuola militare di Modena (1859). Per queste notizie, cfr. V. CACIULLI, "Manfredo Fanti", in *DBI*, vol. 44 (1994), con bibliografia. ult. cons. 14 luglio 2010,

[50] Sul Vitali non si sa quasi nulla. Alcuni accenni in D. RIVA, "Brillanti conversazioni e splendidi intrattenimenti. Il caso storicamente particolare in Lombardia della Società del Casino di Inzago nella prima metà del XIX secolo", in *Storia in Martesana*, 3 (2010), pp. 1 – 22, in part. p. 4, dove viene citato come patriota risorgimentale e definito *"deus ex machina* dell'amministrazione comunale" del comune comasco di Inzago; e IBID., "L'ospedale Marchesi di Inzago: la storia dell'ente e la controversia con l'ospedale di Melzo", ivi, 2 (2009), pp. 1 – 3, in part. p. 2, dove vien detto che il 27 Agosto 1838, i deputati comunali inzaghesi Francesco Vitali e Antonio Carcano scrissero una supplica all'Imperatore d'Austria Ferdinando I per spostare l'Ospedale dal distretto sanitario di Melzo, città ritenuta insalubre, a quello di Inzago. Sulla base delle notizie riportate da De Roberto e da Riva, si può pensare che il Vitali sia rientrato nei ranghi degli austriacanti dopo i moti del 1830.

[51] Il conte Giuseppe Napoleone Ricciardi (1808 – 1882), letterato, patriota, politico ed editore italiano, fu uno dei maggiori esponenti del radicalismo politico in età risorgimentale. Figlio secondogenito del giurista Francesco Ricciardi (1758 – 1842), ministro della giustizia delle Due Sicilie sotto Murat e nel periodo costituzionale del 1820, e della marchesa Luisa Granito (1769 – 1832), a sua volta stimata poetessa, Giuseppe Ricciardi crebbe in un ambiente familiare cosmopolita, di intense relazioni sociali e stimolante dal punto di vista intellettuale. Nel 1832 cominciò a pubblicare a Napoli la rivista *Il Progresso delle scienze, delle lettere e delle arti*, continuazione de *L'Antologia* del Vieusseux. La rivista affrontava spesso argomenti di economia e politica, aveva numerosi collaboratori (fra gli altri, Saverio Baldacchini, Paolo Emilio Imbriani, Luigi Blanch, Lodovico Bianchini, Matteo De Augustinis, Gregorio De Filippis Delfico) e ottenne pertanto presto grande rinomanza in Italia. "Ribelle mondano e salottiero", secondo il

giudizio di Dionisotti, iniziato alla mazziniana "Giovine Italia", Giuseppe Ricciardi fu arrestato nel settembre 1834; rimesso in libertà dopo un periodo di detenzione, il 15 ottobre 1836 dovette recarsi in esilio. Fino al 1860 risiedette soprattutto in Francia, dove frequentò per qualche tempo i gruppi di orientamento socialista (Charles Fourier e Sansimoniani) e svolse un'intensa attività propagandistica su posizioni mazziniano-democratiche a favore dell'unità d'Italia. Ebbe contatti a Londra con Mazzini, a Ginevra con Sismondi, e Parigi con David Levi e con Cristina Belgiojoso. Appoggiò fra l'altro anche dal punto di vista finanziario il tentativo dei Fratelli Bandiera i quali si mossero in base a informazioni ottenute dal Ricciardi sui moti cosentini del 15 marzo 1844. Tornato a Napoli nell'aprile 1848, durante il governo costituzionale di Carlo Troya, Ricciardi fu eletto al parlamento napoletano. Dopo il colpo di mano di Ferdinando II del 15 maggio 1848, con cui venne sciolto il parlamento democratico e sostituito il liberale Troya col reazionario principe di Cariati, Ricciardi scese in Calabria, dove la protesta contro Ferdinando II aveva assunto le forme della ribellione armata, e presiedette il Comitato di Salute Pubblica, ossia l'esecutivo rivoluzionario calabrese. Dopo la sconfitta delle truppe guidate da Domenico Mauro ad opera del generale borbonico Ferdinando Lanza a Campotenese (30 giugno 1848), Ricciardi, assieme ad altri patrioti, riuscì a riparare a Corfù, da dove, nel 1849, si recò in Piemonte. Collaborò con "La Ragione" di Ausonio Franchi, sostenendo fra l'altro che fra i doveri dello Stato c'è quello di garantire che nessuno muoia di fame. Dopo l'unità d'Italia fu deputato dal 1861 al 1870 militando nelle file della sinistra parlamentare. Nel 1869, in concomitanza con l'apertura del Concilio Vaticano I, organizzò a Napoli un "anticoncilio". Su di lui, cfr. C. GENTILE, *Giuseppe Ricciardi*, Foggia, SED, 1941.

[52] Vedi, coerentemente, le riflessioni byroniane sull'Italia come nazione "d'assassini" (e cfr. *infra*, la recensione "Italia e Grecia nelle lettere di Giorgio Byron"). Quanto alla "Società dei Vendicatori del popolo", setta anarcoide attiva in quel periodo il cui nome riecheggia curiosamente quello dei "Beati Paoli" (e su ciò cfr. F.

RENDA, *I Beati Paoli. Storia, letteratura e leggenda*, Palermo, Sellerio, 1988), vedi *Protocollo della Giovine Italia* cit., vol. I, p. 146.

[53] Che De Roberto potesse nutrire per Clemenceau qualche simpatia, vista anche la "conversione" nazionalistico-conservatrice del Tigre (inizialmente radicale e vicino alle dei socialisti di Jean Jaures) e tenuto conto dell'amicizia che il vandeano ebbe con l'amato Zola, appare cosa comprensibile.

[54] Del Delachaume non si sa quasi nulla (nessuna menzione ne è fatta negli spogli biografici transalpini, e vedi, "exempli gratia", M. PREVOST – R. D'AMAT – H. THIBOUT DE MOREMBERT, *Dictionnaire de biographie françcise, tome 10, notices de Dallieres à Desplagnes*, Paris, Letouzey et Ané, 1965), se non che fu amico del Tigre, che gli fece tradurre alcune opere letterarie di cui poi lo stesso Clemenceau scrisse l'introduzione (cfr. H. BUFFENOIR, *La comtesse d'Houdetot, une amie de Jean-Jacques Rousseau. Traduction de Jean Delachaume. Préface de Georges Clémenceau*, Paris, Calmann Levy, 1901; e *Lettres De Lord Byron, Lettres, traduites par Jean Delachaume. Avec une préface de George Clemenceau*, ivi, 1911. Il secondo dei due testi è proprio quello recensito da De Roberto).

[55] Vedi *supra*, la n. precedente.

[56] John Murray II (1778 – 1843), editore scozzese, fu il continuatore dell'attività di "editing" iniziata dal suo omonimo genitore nel 1768. Murray cominciò presto a mostrare grande coraggio nella scelta degli editori (pubblicando – tra gli altri – i testi di Byron, Jane Austen, Thomas Moore e Washington Irving), tanto che lo stesso Byron, con metafora biblica, ebbe a definirlo "Anak degli editori". Per tali notizie, vedi anche W. ZACHS, *The first John Murray and the late eighteenth-century London book trade*, London, British Academy, 1998.

[57] Sotto questo titolo si nasconde un poema satirico-burlesco del veneziano Niccolò Forteguerri (e vedi *Il Ricciardetto di Niccolò Forteguerri, presso Antonio Zatta e figli, con licenza de' superiori e privilegio*, Venezia, MDCCLXXXIX), forse letto dal Byron nell'edizione milanese in cui l'autore utilizzava appunto uno pseudonimo grecizzante (cfr. *Ricciardetto di Niccolò Carteromaco*,

Milano, Dalla Società Tipografica de' Classici Italiani, Contrada del Cappuccio, anno 1813). In tutta evidenza gli errori del testo francese, lasciando stare la velenosa stilettata di De Roberto, sono solo refusi di stampa.

[58] La metafora dantesca usata da De Roberto ("noi che tignemmo il mondo di sanguigno" è il verso 90 del V canto dell'*Inferno*) si giustifica forse, scherzosamente, tenendo conto della fama di grande amatore che ebbe il Byron.

[59] È un "leitmotiv" di stampo tipicamente romantico, e in questa sede viene riferito anche allo Chateaubriand (e vedi in seguito, "Paesaggi di pace e paesaggi di guerra").

[60] Thomas Moore, il cosiddetto "bardo di Erin", nacque a Dublino il 28 maggio 1779. Trasferitosi a Londra nel 1799, pubblicò una traduzione delle *Odi* di Anacreonte e, sotto lo pseudonimo di Late Thomas Little, pubblicò alcune poesie galanti. Segretario dell'Ammiragliato alle isole Bermude, tornò a Londra nel 1804. Con la pubblicazione di un volume intitolato *Epistles, Odes, and Other Poems*, una raccolta di poesie galanti e di canzoni leziose, si contrappose ferocemente al critico Jeffrey. Fra il 1808 e il 1834 pubblicò la sua opera più famosa, le *Irish Melodies* (fonte ispiratrice, tra gli altri, anche dello Yeats) in cui unì alla sua poesia musiche tradizionali d'Irlanda, ed espresse, con grande sensibilità, il suo attaccamento alle leggende e alla storia del suo paese. Del 1817 è *Lalla Rookh: an Oriental Romance*, una raccolta di racconti orientali che ebbe grande successo; del 1818 una notevole satira in versi, *Family Fudge in Paris*. Nel 1819 Moore compì un viaggio in Italia, dove conobbe Byron, con cui strinse una forte amicizia e di cui scrisse anche una biografia, divenendone anche – dopo la morte – curatore ed editore delle opere. Nel 1823 pubblicò, a Parigi, il poemetto *The Loves of the Angels*. Come si vede, Moorre scrisse composizioni di tipo schiettamente romantico, ma intrise di elementi folklorici e sovente inficiate da un gusto per il sentimentale e per l'artificioso. Su di lui, cfr. W. STARKIE, "Thomas Moore", in *Enciclopedia Italiana* (1934), con bibliografia.

[61] Dugald Dalgetty è un personaggio del romanzo storico "The

legend of Mont=ose", che Walter Scott pubblicò nel 1819 (cfr., con diverso titolo, *L'officiale di fortuna, episodio delle guerre di Montrose di Walter Scott, Traduzione di V. Lancetti*, Milano, 1822, per Vincenzo Ferrario, in seconda battuta ripubblicato sotto il titolo *L'officiale di fortuna episodio delle guerre di Montrose nuovi racconti del mio ostiere raccolti e pubblicati da Jedediah Cleishbotham, di Walter Scott traduzione di Vincenzo Lancetti, tomo primo e secondo*, Firenze, Tipografia Coen e compagni, 1828; da questa edizione deriva *Il nano tenebroso; Una leggenda di Montrose: romanzi storici di Walter Scott*, trad. it., Firenze, s.e, 1856. Il testo che con ogni probabilità è identificabile come quello posseduto da De Roberto è il secondo dei tre, ma non vi sono indizi del tutto probanti al riguardo). Sotto le spoglie di Dalgetty si cela, con ogni probabilità, la figura del generale scozzese Robert Munro (o Monro), che comandò le truppe scozzesi nella campagna militare d'Irlanda fra il 1642 e il 1647. Sul Munro, cfr. J. OHLMEYER, "The Civil Wars in Ireland", in *The Civil Wars, a military history of England, Scotland and Ireland 1638 – '60*, cur. J. KENYON – J. OHLMEYER, Oxford, OUP, 1998, pp. 26 – 60.

[62] Per la Guiccioli cfr. *supra*, la n. "ad vocem".

[63] Henry Joseph Drury (1778 – 1841), esponente di una vera e propria dinastia di professori universitari, insegnò nel londinese Harrow College, dove fu precettore di Lord Byron, di cui in seguito divenne amico e corrispondente. Per tali notizie, cfr. C. TYERMAN, *A history of Harrow School, 1324 – 1991*, Oxford, OUP, 2000, pp. 140 – 166.

[64] Il colonnello George Napier (1751 – 1804) era ufficiale dell'esercito britannico, noto soprattutto per il suo matrimonio con Lady Sarah Lennox, e per i suoi figli, Charles James Napier, William Francis Patrick Napier e George Thomas Napier, i quali si distinsero successivamente nelle campagne militari inglesi della prima parte del secolo diciannovesimo. Per tali notizie, cfr. la biografia del figlio James in L. STEPHEN – S. LEE, "Sir Charles James Napier (1782 – 1853)", in AA.VV., *Dictionary of National Biography: from the earliest times to 1900*, London, OUP, 1949, pp. 756 ss.gg.

[65] Alessandro Maurocordato (1791 – 1865) nacque a Costantinopoli e

divenne ministro degli esteri in Romania nel 1818. Poco tempo dopo si recò in volontario esilio in occidente per seguire lo zio Giovanni, che aveva abbracciato gli ideali patriottici e anti-turanici della "Nea Hellas". Dopo aver soggiornato a Ginevra e a Parigi, Maurocordato giunse in Italia e precisamente a Pisa, dove frequentò l'università e conobbe Byron e Shelley, che gli dedicò il poemetto "Hellas". Nel 1821 partì da Marsiglia, ritornando in Grecia, a Missolungi, dove redasse la dichiarazione d'indipendenza dopo avere reclutato uomini, armi e risorse. Quando la Grecia divenne indipendente, il principe Maurocordato fu al centro della vita politica greca, divenendo prima ministro e poi capo del governo e ambasciatore a Costantinopoli. Nell'Atene nazionalistica, instabile e divisa della prima metà del secolo XIX, egli, che come detto ebbe più volte la carica di presidente del consiglio tra il 1833 e il 1854, si distinse come il solo politico greco a propugnare un governo regolare alla maniera occidentale. Il Maurocordato si spense poi nel 1865, onorato da tutti i greci come uno degli artefici della rinascita ellenica. Tornando alla sua conoscenza con Byron, va rilevato che essa risale al periodo in cui il poeta si era recato a Cefalonia. Fu proprio su invito del principe Maurocordato, reduce dalla liberazione di Missoloungi, che egli lasciò l'isola. Sbarcato a Patrasso nel gennaio del 1824, visse gli ultimi mesi della sua esistenza, tra gli aspri contrasti dei ribelli, morendo – in seguito a una febbre reumatica degenerata in meningite – il 19 aprile 1824. Per tali notizie biografiche, vedi ad esempio J.D. GROSS, *Byron: the erotic liberal*, Lanham, Rowman & Littlefield, 2001, pp. 171 ss.gg. Su Alessandro Maurocordato, invece, cfr. anche E. ANCHIERI, *Antologia storico-diplomatica: raccolta ordinata di documenti diplomatici, politici, memorialistici, di trattati e convenzioni dal 1815 al 1940*, ISPI, Milano, 1941, pp. 33 – 35; e F. COGNASSO, *La questione orientale*, L'Erma, Torino, 1934.

[66] La grafia corretta del personaggio citato da De Roberto è Jean Baptiste Mathieu Mirampal (1763 – 1833): membro della Convenzione, del Consiglio dei Cinquecento e del Tribunale Rivoluzionario, Mirampal nacque a Compiègne, "figlio di Charles-

Nicolas Mathieu, funzionario regio, e Devin Marie-Louise". Dopo aver fondato, nel 1789, il "Journal de l'Oise", ricoprendo al contempo l'incarico di giudice a Parigi, fu eletto il 4 settembre 1792,come deputato dell'Oise nella Convenzione. La sua attività parlamentare fu vasta: si ricordano, ad esempio, l'appoggio che egli diede alla condanna a morte di Luigi XVI, senza possibilità di appello o di grazia, e, nel 1793, un intervento sulle misure contro gli immigrati. Inviato a Bordeaux e in Dordogna dopo il 31 maggio dello stesso anno, fu investito da sospetti di moderazione. Membro del Comitato di Sicurezza Generale, nel 1794 guidò l'organizzazione di un comitato di gestione della polizia. Nel febbraio del 1795, poi, si distinse per il suo zelo nel perseguire i terroristi e Babeuf. Mirampal ebbe anche una parte di primissimo piano nel redigere i decreti che colpivano gli autori della rivolta del 12 Germinale dell'Anno III. In seguito, entrò nrseguiva i regicidi, Mirampal, benché non avesse avuto parte attiva nella condanna di Luigi XVI, s'intimorì e preferì lasciare la Francia in volontario esilio. Tornò nel maggio 1819, godendo della pensione di giudice e morendo improvvisamente all'età di settant'anni a Condat, nel Dipartimento della Gironda. Ma cfr. AA.Vv., *Dictionnaire des parlementaires français depuis le 1er mai 1789 jusqu'au 1er mai 1889*, 5 voll, cur. A. ROBERT – E. BOURLOTON – G. COUGNY, Parigi, Bourloton Editeur, 1889-1891, "ad vocem
67 Jules Michelet (1798 – 1874) insegnò all'*École Normale Supérieure* e nel 1838 fu nominato professore di storia al *Collège de France*, incarico dal quale venne sollevato nel 1851, per ordine di Napoleone III, a causa delle sue convinzioni liberali. Attento studioso delle fonti archivistiche, scrisse la *Histoire de France* (19 volumi, 1833 – 1867), monumentale opera incentrata sull'idea della progressiva affermazione della libertà nel sistema istituzionale francese, e l'*Histoire de la Revolution Française* (7 volumi, 1847 – 1853), tema a cui dedicò un decennio di ricerche, interrogando anche testimoni oculari. Su di lui, cfr. essenzialmente WALCH, *Les maitres de l'histoire* cit., pp. 79 ss.gg.
68 Cfr. P. GAUTIER, *Un prophète: Edgar Quinet*, Plon-Nurrit, Paris, 1917. Il Gautier scrisse saggi storici, fra gli altri, su Napoleone e

Madame de Staël (e cfr. IBID., *M.me deStaël et Napoleon*, Paris, ivi, 1904). Su di lui, cfr. J. BALTEAU – M. BARROUX – M. PREVOST, *Dictionnaire de biographie française, tome 15, notices de Gachot a*, Paris, Letouzey et Ané, 1982, "ad vocem".

[69] L'osservazione di De Roberto è forse dovuta alla conoscenza delle suggestioni uhlandiane e heiniane presenti in alcuni carmi del Carducci, in particolare – cogliendone talvolta la simultaneità – nei richiami alla poesia di Jaufré Rudel (su cui originariamente vedi H.J. CHAITOR, *The troubadours*, Cambridge, CUP, 1912, p. 46); in seguito, inserendo anche il Quinet e indirettamente validando l'intuizione del catanese, l'analogia è stata variamente richiamata da L. BIANCHI, *Carducci tra Quinet e Uhland: a proposito delle poesie su i campi di Marengo e Konig Karls Meerfahrt*, Bologna, Azzoguidi, 1950. Si tenga presente che il nome di Carducci (e a giusta ragione) è stato accostato al Quinet anche da altri, e vedi PELLEGRINI, *Quinet e l'Italia* cit., pp.116 – 127, in part. 122 ss.gg. Su tutte queste questioni, vedi, ultimamente, S. BACH "Un imperatore romano stretto entro latini acciari. Riflessioni su una poesia di Carducci", in *BEPI – Mindeskrift for Giuseppe Torresin*, cur. A.C. JAKOBSEN – E. KRISTENSEN, numero speciale della rivista della Fondazione per la ricerca di Archeologia Classica, Antica e Medievale *Agora* (Århus, DK, 2007), pp. 111 – 128, dove si cita, a marcarne il senso antitedesco, questa significativa riflessione delle *Revolutions d'Italie*: "Cet adversaire que l'on tenait au bout de l'épée, et qui mettait un impôt sur la naissance de chaque enfant italien, qui prélevait le quart du salaire des ouvriers, pour tarir le travail et la vie, n'était-ce pas le seigneur légitime?" (e cfr. p. 120, riferito proprio all'imperatore, tedesco nonché Hohenzollern come i sovrani che regnarono in Germania fino al 1918, Federico Barbarossa). Sul rapporto con la cultura francese, e con ampi riferimenti al Quinet, cfr. L. FOSCOLO BENEDETTO, "Il Carducci e la Francia" [1935], in IBID., *Uomini e tempi. Pagine varie di critica e storia*, Milano-Napoli, Ricciardi, 1953, pp. 421 – 42, con bibliografia. Quanto a Pierre-Jean de Béranger (1780 – 1857), poeta e scrittore di canzoni popolari, va sottolineato che egli venne esaltato dai suoi contemporanei per il suo liberalismo e le sue idee umanitarie, in un

periodo in cui la società francese veniva scossa da sussulti socioeconomici che ne vrebbero totalmente cambiato i lineamenti. Béranger, dopo aver svolto varie attività tra cui quella di tipografo, riusci infine a trovare un impiego come fattorino presso l'Università di Parigi nel 1809. Le sue opere poetiche, scritte nei ritagli di tempo che l'attività accademica gli lasciava, furono dapprima elogiative del governo napoleonico (il poeta godeva infatti della protezione di Luciano Bonaparte, che tra gli altri benefici gli aveva lasciato il proprio appannaggio di 1000 franchi presso l' "Institut de france"), e in seguito – dopo la restaurazione borbonica – si scagliarono violentemente contro il nuovo regime. Tutto ciò costò al Beranger, che nelle sue rime aveva denunciato il clericalismo imperante e aveva avuto accenti nostalgici per il periodo rivoluzionario e napoleonico, prima il licenziamento e poi tre mesi di prigione. Le satire di Beranger, scritte in uno stile semplice e diretto, colpirono subito l'immaginazione dei francesi, divenendo una delle letture preferite nei circoli liberali che si opponevano al ritorno dell'assolutismo seguito alla Restaurazione e garantendo al poeta una fama vasta e meritata, anche se – con grande magnanimità – egli rifiutò sempre ogni carica accademica o civile che gli venisse offerta, preferendo vivere dei magri frutti del suo lavoro. Dopo la rivoluzione del 1848, Beranger fu eletto membro del parlamento, mostrando, anche in quel caso, una grande generosità d'animo unita ad affabilità e cortesia. Tra le sue oper più conosciute, si ricordano "Le Roi d'Yvetot", "Le Dieu des pauvres gens",, "Le Sacre de Charles le Simple", "La Grand-Mère" e "Le Vieux Sergent".Su di lui, oltre al suo enorme epistolario, cfr. ora F. BAUDEZ, *Pierre-Jean de Béranger, poète national*, 2 voll., Montigny le Bretonneux, Yvelinédition, 2006.

[70] Johann Joseph von Görres (1776 – 1848) nacque a Coblenza in una famiglia benestante, cominciando i suoi studi in un collegio cattolico. In un primo tempo fu un entusiasta sostenitore degli ideali della Rivoluzione francese: nel suo primo scritto, *Der allgemeine Frieden, ein politisches Ideal* del 1798, si avvertono le idee di Rousseau e di Condorcet; sostenitore della necessità dell'unione della Renania

alla Francia, nel 1799 diede vita un giornale repubblicano, *Das rote Blatt* (ribattezzato poi *Rübezahl*). Rimase deluso dopo un viaggio a Parigi nel 1799 come negoziatore per le province renane: la missione non ebbe successo e Görres, deluso, si ritirò dalla politica attiva. Insegnò dapprima scienze della natura a Coblenza e poi ottenne una cattedra ad Heidelberg (1806 – 1807), dove fece la conoscenza dei leader del Romanticismo tedesco, soprattutto di Achim von Arnim e Clemens Maria Brentano. Con loro diede vita allo *Zeitung für Einsiedler* (successivamente uscito come *Tröst Einsamkeit*) che divenne l'organo del movimento romantico ad Heidelberg. Il suo interesse per la letteratura popolare tedesca fu risvegliata da questi contatti col movimento Romantico: riscoprì e rese popolare la vecchia letteratura tedesca e nel 1807 pubblicò il suo *Die teutschen Volksbücher* una raccolta di testi medievali tedeschi, opera che, come recita il sottotitolo, è una "rivalutazione dei bei libriccini di storie, di astronomia e di medicina che, sia per il loro valore intrinseco sia per caso, si conservarono attraverso i secoli giungendo fino a noi". Nel 1810 pubblicò *Mythengeschichte der asiatischen Welt* giudicata la sua opera filosofica più importante. Nel 1808 Görres ritornò a Coblenza, rimanendo in disparte fino all'inizio della lotta nazionale contro Napoleone che lo spinse a fondare il giornale "Rheinische Merkur" il cui primo numero uscì il 23 gennaio 1814. Giudicato il più influente del tempo, il giornale ebbe una linea politica dapprima avversa a Napoleone e, dopo la caduta di quest'ultimo, avversa alla politica reazionaria dei principi tedeschi, in appoggio alla concessione di leggi costituzionali in Germania; il che portò alla sua soppressione (1816). Dopo la pubblicazione del pamphlet *Teutschland und die Revolution* nel 1819 fu costretto a fuggire a Strasburgo e poi in Svizzera, dove visse in povertà per molti anni. Nel 1824 ritornò formalmente alla fede cattolica. Nel 1827, su richiesta di Luigi I di Baviera, divenne professore di storia all'Università di Monaco di Baviera, dove formò un circolo di intellettuali cattolici liberali. Fu portavoce cattolico e vigoroso in molte controversie; per esempio, *Athanasius* è uno scritto di protesta contro l'arresto dell'arcivescovo di Colonia Clemens August Droste zu Vischering, ordinato dalle autorità prussiane durante la controversia fra Chiesa cattolica e Stato (*Kirchenstreit*) del 1837. nel periodo 1836 – 1842 scrisse la monumentale *Christliche Mystik* in 4 volumi. Nel 1876 in suo onore fu fondata la *Görres-Gesellschaft* per destinata a promuovere in Germania la ricerca e l'approfondimento degli studi sul Cattolicesimo. Per quel che concerne Johan Ludwig Uhland (1787 – 1862), si dirà che egli può essere considerato uno dei maggiori poeti della scuola sveva, dalla quale accolse quell'anelito di libertà che lo condusse in seguito ad abbandonare la letteratura per la vita politica. Nel 1815 pubblicò un volume di liriche e iniziò l'insegnamento della letteratura tedesca a Tubinga. Fu membro del parlamento nel 1848. La sua produzione poetica, largamente apprezzata e molto popolare in Germania, trovò nella ballata il mezzo espressivo più congeniale, dove una sana robustezza di fondo nelle rievocazioni leggendarie si unisce ad una perfetta padronanza linguistica e ritmica. Le sue composizioni migliori sono *Graf Eberhard*, *Der blinde Konig*, *Des Sangers Fluch*. Dopo il 1819 l'attività poetica di Uhland si limitò alla pubblicazione di poche cose fra cui la ballata *Das Gluck von Edenhall*. Di scarsa efficacia sono invece le sue opere teatrali. Su di lui, cfr., ad esempio, R. SCHNEIDER, *Vom Geschichtsbewusztsein der Romantik: drei Essay*, Wiesbaden, Steiner, 1951, con bibliografia. Sul Görres, AA.VV., *Johann Joseph von Görres*. Cur. S. LUPO, Torino, SEI, 1929; R. HABEL. *Joseph Gorres: Studien uber den Zusammenhang von Natur, Geschichte und Mythos in seinen Schriften*, Wiesbaden, Franz Steiner, 1960; G. MORETTI. *Heidelberg romantica. Studio sui rapporti poesia-mito-storia e arte-natura nel preromanticismo e in J. Görres, F. Creuzer, J. e W. Grimm, J. J. Bachofen*, Bologna-Roma, Cosmopoli, 1995^2.

[71] Gebhard Leberecht von Blücher (1742-1819) nacque a Rostock, nel ducato di Meclemburgo.. Suo padre, un capitano di cavalleria, all'età di diciotto anni lo introdusse come cadetto in un reggimento dell'esercito svedese. Catturato dai prussiani durante la guerra dei sette anni, fu rimesso in libertà con la promessa – mantenuta – di entrare nell'esercito del re Federico il Grande. Dopo aver servito nelle armate prussiane, arrivando ad esser nominato capitano, fu

improvvisamente congedato dal re nel 1770, a causa di mancanze di poco conto. Dopo la morte del re Federico, Blücher fu reintegrato nell'esercito, distinguendosi durante le guerre contro la Francia rivoluzionaria e conseguendo, infine, il grado di generale. Avendo avuto la fortuna di non servire durante la disastrosa campagna del 1806, riuscì ad evitare l'epurazione che ne seguì. Poiché godeva della stima del cancelliere Hardenberg e del ministro della guerra Scharnhorst, nel 1809 fu nominato comandante del corpo d'armata di cavalleria, con l'ordine di sottoporlo a una radicale modernizzazione. Congedato nel 1811 in seguito alle insistenze di Napoleone, Blücher fu rimesso al comando delle sue truppe nel 1813, quando la Prussia si alleò con lo Zar Alessandro I in funzione antifrancese. Comportatosi onorevolmente durante la battaglia di Lipsia del 1813, Blücher, venne insignito della carica di Felmaresciallo, anche a causa del suo impetuoso dinamismo, che contrastava con la cautela mostrata fino ad allora da quasi tutti gli altri generali prussiani. Nel 1814 Blücher fu messo al comando delle truppe che attaccarono la Francia, dove i suoi eserciti furono coinvolti in scontri dall'esito incerto e finirono poi con il ritirarsi sul confine. Dopo aver servito sotto l'austriaco principe Schwarzemberg, Blücher fu con coloro che – entrati a Parigi – costrinsero napoleone ad abdicare. Quando l'imperatore tornò dal suo esilio all'isola d'Elba, Blücher venne nominato generale in capo dell'esercito prussiano. Pur essendo stato sconfitto nella battaglia di Ligny (16 giugno 1815), e anche grazie all'abilità del suo capo di stato maggiore conte August Gneisenau, riuscì a unire quel che rimaneva della sua ramata alle truppe inglesi del generale Wellington, risultando quindi decisivo nello sconfiggere i francesi il 18 giugno 1815 a Waterloo. Anche se in quell'occasione l'apporto di Gneisenau fu decisamente superiore a quello di Blücher (che morì quattro anni dopo in Slesia), la propaganda prussiana riuscì a dipingere il feldmaresciallo come il vero vincitore di Waterloo, conquistandogli, nell'immaginazione dei tedeschi, una gloria imperitura. Sul Blucher, vedi, ad esempio, T. CREPON, *Gebhard Leberecht von Blücher. Sein Leben, seine Kämpfe*, Rostock, Hinstorff

Verlag, 1999.

[72] *La Belle Hélène* è un'operetta scritta dal celebre compositore Jacques Offenbach nel 1864. Essa, in sostanza, si configura come una parodia della storia d'amore intercorsa tra Elena e Paride. Offenbach pensava da tempo a un'opera che facesse da *pendant* a *Orphée aux Enfers* , il suo primo grande successo internazionale. L'accenno iniziale è contenuto in una lettera del 1860 a Ludovic Halévy, il giovane librettista che aveva già partecipato, anche se non ufficialmente, alla stesura di *Orphée*, e che diverrà, insieme al compagno di liceo Henri Meilhac, collaboratore stabile e librettista preferito del compositore. *La Belle Hélène* è il primo frutto di questa collaborazione a tre, e segna anche l'inizio del sodalizio con la cantante di origine tedesca Hortense Schneider, da allora in poi loro interprete favorita. Meilhac attese a una prima stesura della trama nella primavera 1864, dandole il titolo *La Prise de Troie*. Da quel momento la composizione procedette piuttosto speditamente, risultando in granparte completata tra il giugno e l'ottobre 1864. Il 6 ottobre Offenbach annunciò che il primo atto è pronto per i copisti, e il secondo è quasi completato. "Resta il terzo; dato che non voglio più lavorare troppo in fretta, mi serviranno almeno tre volte 24 ore, *et voilà*". Le sue previsioni furono veritiere: il 14 ottobre i tre atti furono orchestrati e cominciarono le prove, durante le quali insorsero non pochi ostacoli per la rivalità che opponeva le due primedonne, Schneider e Silly, interpreti rispettivamente delle parti di Hélène e di Oreste. Si dovette affrontare anche un piccolo problema creato dalla censura riguardo al personaggio dell'indovino Calchas, ritenuto poco cattolico. Ma anche questo inconveniente venne aggirato grazie alla protezione del duca di Morny, potente presidente del "Corps legislatif", e librettista dilettante. Finalmente, il 17 dicembre 1864, *La Belle Hélène* andò in scena riportando un immediato successo, anche se alcuni critici non mancarono di gridare ancora una volta allo scandalo, e addirittura alla blasfemia, per lo scempio compiuto sui "sacri" personaggi del mito. Tenendo conto di tutti questi dati, quindi, è possibile affermare che la sottolineatura derobertiana ha lo scopo di mettere

in evidenza la supposta frivolezza dei Valadier e nel contempo il loro ostentato anticonformismo. Per le notizie precedenti, cfr. AA.Vv., *Dizionario dell'opera*, cur. P. GELLI, Milano, Baldini, Castoldi & Dalai, 2007, "ad vocem".

[73] Alberto Giovannini, noto attore italiano del primo Novecento, fu con il suo mentore Virgilio Talli nella famosa compagnia Talli-Gramatica-Calabresi, fondando poi, con lo stesso Talli e Maria Melato, la compagni di giro Talli-Melato-Giovannini (cfr. N. LEONELLI, *Attori tragici e attori comici*, voll. 2, Roma, Tosi, 1946[2], in part. vol. I, pp. 437 – 439). Quanto a *Les Transatlantiques*, un testo che era davvero un cavallo di battaglia del Giovannini (vedi ivi, p. 439), e che fu composto da Hermant nel 1897, c'è da dire che esso è considerato anche oggi come la sua opera migliore ed è variamente citato in P. JOURDA, *L'exotisme dans la littérature française depuis Chateaubriand*, tt. II, Géneve, Slatkine, 1970[2], in part. t. I, p. 212 (per la segnalazione di taluni elementi operettistici e quasi rimontanti alle "pochade" che sarebbero presenti nell'opera). Altra menzione, a proposito delle taverne di Montmartre citate nel testo hermantiano, in G. BONNIER, *Les souvenirs de Charles Bonnier. Un intellectuel socialiste européen à la belle époque*, cur. G. CANDAR, Paris, Presses Universitaires du Septentrion, 2001, p. 107 (l'opera rimonta ai primi anni '20). Sul successo che la commedia di Hermant ebbe fuori dalla Francia, cfr., ad esempio, R.S., "Abel Hermant's New Play", in *The New York Times*, 13 febbraio 1898, p. 7.

[74] La notazione ha un suo significato: Arturo, infatti, era lo scherzoso nome con cui talvolta De Roberto chiamava l'amico Albertini, direttore del "Corriere della Sera" (e vedi, variamente, l'epistolario citato in precedenza).

[75] Auguste Creuzé de Lesser (1771 – 1839) studiò nel collegio di Juilly, poi nel 1876 succedette al padre come addetto al servizio pensioni presso il municipio di Parigi. Sposata la figlia di un colono ghigliottinato durante il periodo del terrore, fu, consecutivamente, segretario del console Charles-François Lebrun, segretario di legazione a Parma, sotto-prefetto a Autan nel 1802 e infine deputato di Saône-et-Loire nel 1804. Poichè *Il suo viaggio in Italia e in Sicilia*

aveva deluso l'Imperatore, nel 1806 si allontanò dalla vita pubblica. Al ritorno dei Borboni, Luigi XVIII lo nominò prefetto di Charente nel 1814 e prefetto di Hérault nel 1817. Divenuto barone nel 1818, si ritirò definitivamente nelle sue terre alla fine della Restaurazione. Auguste Creuzé de Lesser divenne famoso inizialmente con le sue opere teatrali e poi con le poesie, scritte ad imitazione di Juvénal e di Alessandro Tassoni. Nel 1811, pubblicò un poema epico in 50 000 versi intitolato *La Table ronde*. Questa ripresa del genere cavalleresco gli permise di ottenere un grande successo. L'opera, in sostanza, è una ripresa delle vicende narrate nell'*Amadis de Gaule* e nella *Chanson de Roland* e ha lo scopo di "estrarre dal caos dei romanzi della Tavola Rotonda un racconto completo, coerente e piuttosto sensato". Nei suoi ultimi anni de Lesser, riunì questa diacronica trilogia sotto il titolo *La Chevalerie, ou les Histoires du moyen-âge, composées de La Table ronde, Amadis, Roland, poèmes sur les trois grandes familles de la chevalerie romanesque.* "Questo affabile scrittore", osservò un contemporaneo, "ha ottenuto e conserva sempre un nome onorevole. Un'allegria piena di franchezza e di eloquenza, un' originalità altrettanto vera, uno spirito indipendente e pungente al contempo, che non giura mai sulla parola altrui, ciò che gli inglesi chiamano *Humour*, una disposizione forse spesso trascurata, ma molto più spesso elegante e piena di grazia, questi sono i tratti caratteristici del suo talento, e questo talento sa spesso anche elevarsi a delle belle e felici ispirazioni". Per tali notizie, cfr. *Répertoire général du Théâtre français, composé des tragédies, comédies et drames des auteurs du premier et du second ordre, restés au Théâtre français*, Paris, H. Nicolle, Paris, 67 voll. 1817, in part. vol. XXIV, p. 113 (ove sono entrambe le affermazioni citate); F. HOEFER, *Nouvelle Biographie générale*, 23 voll., Firmin-Didot, Paris, 1855, in part. vol. XII, col. 453 – 454 ; P. LAROUSSE, *Grand Dictionnaire universel du XIXe siècle*, tt. 15, Paris, Librairie Classique Larousse et Boyer, 1866 – 1877, in part. t. V, p. 510; F. GODEFROY, *Histoire de la littérature française depuis le XVIe siècle jusqu'à nos jours*, voll. 10, Gaume Frères et J. Duprey editeurs, 1878, vol. VII, t. I, pp. 16 – 19.

[76] Dionigia è uno dei personaggi dell'operetta di Offenbach

precedentemente citata (cfr. *supra*).

[77] La citazione deriva da *Le bonhomme Jadis, comédie en un acte en prose, par Henry Murger*, Paris, Michel Lévy Frères, Libraires-Éditeurs, Rue Vivienne 2 bis, MDCCCLI. Il Murger (1822 – 1861) fu di umili origini (il padre era portiere) e condusse un'esistenza di stenti, che rievocò poeticamente con il nome rimasto famoso, di "vie de bohemè", finché Arsène Houssaye (giornalista e uomo di teatro dell'epoca) non lo prese sotto la sua protezione nella redazione dell'*Artiste*; in seguito collaborò ad altri giornali e pubblicò in appendice sul *Corsaire* la sua opera più famosa, *Scènes de la vie de Bohème* (1847 – 1849) da cui Giacomo Puccini trovò ispirazione per *La bohème*. Si ritirò dalla vita letteraria nel 1855 e finì i suoi giorni in un ospizio. Era amico del fotografo Nadar e del gruppo di artisti bohémienne del Quartiere Latino chiamati "Buveurs d'Eau". Il talento di Murger, fatto di fantasia e di lirismo, trovò il tema congeniale nella vita scapigliata e romantica. Su di lui, cfr. G. MONTORGUEIL, *Henry Murger: romancier de la boheme*, s.e, s.l., 1929.

[78] Gabriel Faure (1877 – 1962), da non confondere con il quasi omonimo musicista Fauré, nacque a Tournon-sur-Rhone, una cittadina della Savoia dove il padre esercitò il mestiere di avvocato e rivestì più volte la carica di sindaco. Compiuti a sua volta i medesimi studi di legge prima a Lione poi a Parigi (dove si accorse per la prima volta di essere "homme de lettres"), entrò infine nell'amministrazione delle "Beaux arts", giungendo a ricoprire l'incarico di "inspecteur général aux Monuments Historique" . La sua attività di scrittore fu varia: se le sue prove più importanti sono da annoverare soprattutto nel campo della letteratura di viaggio, egli fu però anche autore di romanzi psicologici alla maniera del Bourget e del Radiguet, editando – al contempo – numerose raccolte poetiche di gusto tipicamente parnassiano. Fu amico, tra gli altri, del D'Annunzio, del Valery e del Malraux, che ne apprezzarono soprattutto la vena nostalgica e odeporica. Per la somma di queste notizie, vedi CAVALIERI, *L'Italia letteraria* cit., pp. 46 – 47; DI MATTEO, *Viaggiatori stranieri in Sicilia*, vol. I, p. 398; in francese, sul Faure, si veda soprattutto R. THAUZIES, *Essai sur Gabriel Faure*, Albi, Ed. du

Languedoc, 1946; e P. PONTIES, "Gabriel Faure. Tout le charme rhodanien et latin", in *Les cahiers drômois*, 7 (1983), pp. 19 – 25; AA,VV., *L'Oeuvre de Gabriel Faure: suivis d'opinions et d'une bibliographie*, cur. L. AURENCHE, Paris, Boccard, 1926; G. FAURE – J. BOUDOUT, *Entretiens de Gabriel Faure*, Paris, Hatier, 1953; AA.VV., *Hommages à Voltaire, Anatole France, Gabriel Faure, Paul Valéry*, cur. É. HENRIOT, Paris, Imprimerie Nationale, 1945; AA.VV., *Hommage à Gabriel Faure*, cur. L. PIZE, Toulouse, Le bon plaisir, 1929; J.F POËY – G. RIVET, *Visages du Dauphiné: 1ère série*, Gap, Jean, 1933, pp. 58 – 75; C. TERRIN, *Pages choisies de Gabriel Faure*, Paris, Horizons de France, 1934.

[79] Cfr. *L'Amour sous les lauriers-roses, roman contemporain*, Paris, E. Fasquelle, 1905.

[80] Jean-Pierre Louis de Fontanes (1757 – 1821) fu un noto politico francese vissuto all'epoca dell'a rivoluzione, Suo padre Marcellin de Fontanes, ispettore di manifattura a Niort, sposò Jeanne de Sède, una vedova con tre figli, che pretese che i due ragazzi nati dalla loro unione - Dominique (1751) e Louis (1757) fossero battezzati, poiché era una fervente cattolica. Il padre di Fontanes era invece di origini protestanti. Louis de Fontane ricevette un'educazione molto severa da preti giansenisti a La Foye-Monjault; in seguito tornò dalla famiglia e proseguì gli studi presso il collegio dell'Oratorio di Niort. Perse l'intera famiglia in pochi anni: il fratello morì nel 1772, il padre nel 1774 e la madre nel 1776. Venne accolto da amici della famiglia che cercarono di aiutarlo perché riprendesse l'attività del padre, a cui però Louis non era interessato. Nel 1777 si trasferì a Parigi per dedicarsi alla scrittura, da sempre una sua passione. Pubblicò le sue poesie e le prime produzioni per l'*Almanach des Muses* e il *Mercure de France*. Conobbe la zia della futura imperatrice Giuseppina di Beauharnais, Fanny de Beauharnais, che lo presentò al suo amante Claude Joseph Dorat, poeta alla moda che lo introdusse nei circoli letterari. De Fontanes scrisse molto, incontrando un discreto successo e divenendo amico del filosofo Joseph Joubert, del poeta André Chénier e di François-René de Chateaubriand. Allo scoppio della Rivoluzione francese, essendo piuttosto moderato, appoggiò la

monarchia illuminata. Nel 1792 si ritirò a Lione e lì sposo Chantal Cathelin, una ricca ereditiera. Da questa unione nacquero due figli: Imberthe (1793), morto di vaiolo nel 1794, e Christine (1801). Questo matrimonio mise fine alle sue difficoltà finanziarie. Quando Lione venne conquistata dai monarchici Fonatnes, scampato ad un bombardamento della città da parte delle truppe guidate da Joseph Fouché, poté fuggire in tempo in Normandia per tornare poi a Parigi. Qui divenne membro dell'Institut de France in seguito alla caduta di Robespierre. Il 18 fruttidoro fu costretto a fuggire di nuovo. Si rifugiò in Inghilterra, dove ritrovò il suo amico Chateaubriand, emigrato dopo il 1792. Rientrò a Parigi dopo il Colpo di Stato del 18 brumaio; divenne critico per il *Mercure de France* e si conquistò il favore del primo console Napoleone Bonaparte. Venne quindi nominato professore di lettere del Collège des Quatre-Nations e membro dell'Institut de France. Su di lui, cfr. ora N. ALCER, *Louis de Fontanes (1757 – 1821): homme de lettres et administrateur*, Frankfurt am Main-New York, Lang, 1994.

[81] Si può ritenere questo un motivo ricorrente, che lo scrittore catanese aveva già individuato in Byron (e vedi supra, "Italia e Grecia nelle lettere di Giorgio Byron") e che può essere ricollegato ad un'analoga osservazione di un poeta molto amato dal De Roberto, quel Giacomo Leopardi della celeberrima lettera al fratello Carlo del 20 febbraio 1823: in quel caso, l'unico elemento di gaudio nella visita a Roma è proprio dato dal sostare – sciogliendosi romanticamente in lacrime – di fronte alla tomba del Tasso. Sul leopardismo di De Roberto, cfr. A. DI GRADO, *Federico De Roberto e la scuola antropologica: positivismo, verismo, leopardismo*, Bologna, Patron, 1982, *passim*; e ZAPPULLA MUSCARÀ, *De Roberto critico*, cit, pp. 83 – 94.

[82] Louis-François Bertin, conosciuto anche come "Bertin il Vecchio" (1766 – 1841) cominciò la sua carriera giornalistica scrivendo per il "Journal Français" e per altre riviste durante la Rivoluzione Francese. Dopo il colpo di stato del 18 Brumaio, fondò una rivista conservatrice, il "Journal des Débats", a cui il suo nome è strettamente legato. Grazie ai contributi di figure quali, ad esempio,

François-René de Chateaubriand e Charles Nodier, il "Journal" divenne presto una voce importante nel panorama della stampa e della letteratura francese, anche per il fatto di aver inventato il "feuilleton". Accusato di tendenze monarchiche dal Consolato Francese, nel 1800 fu messo in prigione nel Tempio e nel 1801 fu condannato all'esilio. Bertin ritornò a Parigi solo nel 1805, dopo la proclamazione dell'Impero, e riprese la gestione del giornale, il cui titolo, per ordine di Napoleone, fu cambiato in "Journal de l'Empire". Dovette sottoporlo ad una rigorosa censura e nel 1811 la direzione e i profitti passarono totalmente al governo. Nel 1814 Bertin ne riprese possesso, reintrodusse il vecchio titolo e continuò a sostenere la causa monarchica, prova ne sia che durante i cento giorni raggiunse Luigi XVIII nel sud dei Paesi Bassi, dove pubblicò il "Moniteur Universel", a volte anche con il titolo di "Moniteur de Gand" (dalla città belga dove il giornale era stampato). Rientrato in patria durante il periodo della restaurazione borbonica, Bertin diresse il "Moniteur" fino al 1823, quando il "Journal des Débats" fu riconosciuto organo dell'opposizione liberale-costituzionale dopo che, con un percorso simile a quello di François-René de Chateaubriand, ebbe criticato l'assolutismo. Il sostegno di Bertin, comunque, andò poi alla "Monarchia di Luglio" sorta dopo i moti del 1830. Per queste notizie, cfr. soprattutto A. NETTEMENT, *Histoire politique, anecdotique et littéraire du "Journal des débats"*, Paris, Dentu, 1842; *Le Livre du centenaire du Journal des débats*, Paris, Plon, 1889; R. JAKOBY, *Das Feuilleton des Journal des débats von 1814 bis 1830: ein Beitrag zur Literaturdiskussion der Restauration*, Tübingen, Narr, 1988.
[83] Sta per "George Sand".
[84] Per la Sand come estimatrice della penisola italiana, cfr. J. BOUDARD, "Présence del l'Italie touristique a travers les romans italiens de George Sand", in *Bollettino del CIRVI*, 47 (2003), pp. 48 ss.gg.; A. POLI, *L'Italie dans la vie et dans l'œuvre de George Sand*, Moncalieri, CIRVI, 2000²; AA.VV., *Présences de l'Italie dans l'œuvre de George Sand*, cur. IBID., Moncalieri, CIRVI, 2004; e definitivamente, della stessa autrice, *Alla riscoperta di George Sand viaggiatrice in Italia*, Moncalieri, CIRVI, 2010, con bibliografia.

148

---

[85] Cfr. G. CLEMENCEAU, *Le voile du Bonheur*, Paris, E. Fasquelle, 1901. La commedia venne poi musicata dieci anni dopo da Charles Pons (e cfr. *Le voile du bonheur: comédie musicale en deux actes d'après la comédie de Georges Clémenceau par Paul Ferrier; musique de Ch. Pons*, Paris, Choudens, 1911. Su tale opera, vedi VINCENT, *Clemenceau* cit., pp. 177 – 187.
[86] Cfr. G. CLEMENCEAU, *Au pied du Sinaï*, Paris, G. Crès, 1920, recentemente ristampato (Paris, Belles lettres, 2000).
[87] Cfr. G. CLEMENCEAU, *Les plus forts: roman contemporain*, Paris, Charpentier, 1898.
[88] "Votre", nel romanzo. Nella recensione, si legge un incomprensibile "mia", per una svista tipografica che dall'articolo originario è discesa fino all'edizione in volume.
[89] Jules Favre nacque a Lione nel 1809 e iniziò la sua carriera in qualità di avvocato. A partire dagli anni della rivoluzione del 1830, si dichiarò apertamente repubblicano e durante i processi politici espresse con forza questa sua posizione. Dopo la rivoluzione del 1848 fu eletto deputato all'Assemblea Costituente, dove sedette tra i repubblicani moderati, votando contro i socialisti. Quando Luigi Napoleone venne eletto presidente di Francia, Favre gli si oppose apertamente e il 2 Dicembre del 1851 provò, con Victor Hugo e altri, ad organizzare una resistenza armata per le strade di Parigi. Dopo il colpo di Stato, si allontanò dalla politica, ritornando alla sua professione legale e distinguendosi per la difesa di Felice Orsini, l'autore dell'aggressione contro Napoleone III. Nel 1858 fu eletto deputato di Parigi e organizzò l'opposizione repubblicana al Secondo Impero. Nel 1863 divenne capo del partito repubblicano e tenne alcuni discorsi in cui denunciò la spedizione messicana e l'occupazione di Roma. Questi discorsi, eloquenti, chiari e incisivi non gli impedirono di ottenere nel 1867 un posto all'*Accadémie Française*. Si oppose, insieme ad Adolphe Thiers, alla guerra contro la Prussia nel 1870 e alla notizia della sconfitta di Napoleone III a Sedan chiese la deposizione dell'Imperatore. Divenne vice-presidente nel governo di difesa nazionale sotto il Generale Trochu, ricoprendo l'incarico di ministro degli affari esteri con l'oneroso

compito di negoziare la pace con la vittoriosa Germania. Dimostrò di essere meno abile come diplomatico di quanto non lo fosse stato come oratore, e commise molte irreparabili gaffe. La sua famosa dichiarazione del 6 Settembre 1870, secondo la quale egli "non avrebbe cedute alla Germania né un pollice di territorio nazionale, né una sola pietra delle fortezze", portò Bismarck a dichiarare, nel suo discorso del 19 settembre, che l'Alsazia e la Lorena dovevano essere cedute se si voleva raggiungere la pace. Favre si oppose alla fuga del governo da Parigi, ma durante le trattative di pace fu sopraffatto dal più abile Bismarck. Fissò l'armistizio del 28 giugno 1871 senza conoscere la situazione dell'esercito e senza consultare il governo di Bordeaux. Ebbe una grave svista, trascurando di informare Léon Gambetta che una parte dell'esercito non era inclusa nell'armistizio e costringendo quindi quelle truppe a ritirarsi in territorio neutrale. Non dimostrò alcuna abilità diplomatica durante le trattative di Francoforte e fu Bismarck ad imporre tutte le condizioni. Si ritirò dal ministero, ormai screditato, il 2 Agosto 1871, ma restò alla Camera dei Deputati. Eletto senatore il 30 Gennaio 1871, continuò a sostenere il governo della repubblica contro l'opposizione reazionaria, fino alla sua morte, avvenuta il 20 Gennaio 1880. Sul Favre, cfr. ora P.A. PERROD, *Jules Favre: avocat de la liberté*, Paris, La Manufacture, 1988.

[90] Sono i titoli di due giornali fondati e diretti dal Clemenceau.

[91] Louis Cottin è il nome di un giovane anarchico che il 19 febbraio 1919, durante i lavori della conferenza di pace, sparò contro Clemenceau dieci colpi di rivoltella, riuscendo soltanto a ferirlo leggermente. Per quest'attentato, Cottin fu condannato a morte, ma la sua pena sarà poi ridotta a 10 anni di carcere dopo una campagna di solidarietà in suo favore, organizzata dal giornale "Le libertaire". Cottin morì poi nel 1936, durante la rivoluzione spagnola, combattendo tra le file della celeberrima "Colonna Durruti" (cfr., per tali notizie, S. ROMITI, *Memorie*, cur. A. VALERIO, Roma, Stampa Alternativa, 1991, pp. 8 ss.gg.). La citazione di Cottin giustifica il paragone implicito, fatto poco dopo, con l'episodio di Sadi Carnot.

[92] Eugène-Melchior, visconte de Vogüé (1848 – 1910) nacque a

Nizza. Dopo aver combattuto nella guerra franco-prussiana, entrò nel servizio diplomatico della Terza Repubblica, venendo successivamente nominato "attaché" presso le ambasciate in Turchia e in Egitto. In un secondo momento, divenne segretario d'ambasciata a San Pietroburgo, ruolo dal quale si dimise nel 1882. Dal 1893 al 1898 ricoprì la carica di deputato dell'Ardèche all'Assemblea Nazionale. Cominciò scrivere sulla "Revue des deux mondes" nel 1873, pubblicando un *Voyage en Syrie et en Palestine* e divenendone in seguito uno dei più solerti collaboratori. Il Vogüé cercò di interessare l'intellettualità francese ai problemi culturali degli altri paesi, in special modo per quel che riguarda la Russia. Egli era particolarmente attratto dall' "intellighentsia" russa, dal momento che nel 1878 aveva sposato la sorella del generale Michail Nikolaievich Annenkov. Questo suo precipuo interesse fece si che il Vogüé viene considerato a tutt'oggi il corifeo francese dei romanzi di Dostoevsky, di Chechov e di Tolstoj. Cognato di Karl de Struve, ambasciatore russo in Giappone, USA, e Olanda, il Vogüé divenne membro dell' *Académie française* nel 1888. Tutte queste notizie in M. ROHL, *Le roman russe de Eugene-Melchior de Vogue: etude preliminaire*, Stockholm, Almqvist & Wiksell, 1976, pp. 5 ss.gg. Appare strano che De Roberto lo citi per le sue posizioni politiche, certamente conservatrici ma anche di secondo piano.

[93] Il contadino Auguste Vaillant, il 9 dicembre 1893, aveva lanciato una bomba nella tribuna della Camera dei Deputati, per protestare contro la politica repressiva del governo Casimir-Perier. Il Vaillant era poi stato condannato a morte e ghigliottinato il 3 febbraio 1894. Il presidente Sadi Carnot, citato in seguito, gli aveva rifiutato la grazia, così come aveva fatto con Émile Henry, anch'egli anarchico, ghigliottinato il 21 maggio 1894. Per tali notizie, vedi la bibliografia contenuta nella n. successiva.

[94] Marie François Sadi Carnot era nato a Limoges l'11 agosto 1837, figlio di Hyppolite Carnot (ministro della pubblica istruzione nel 1848) e nipote di Lazare Carnot, il "grande Carnot" organizzatore della vittoria francese nella guerra del 1793. Era nipote anche dell'altro Sadi Carnot, Nicolas Léonard Sadi Carnot, sommo fisico e

inventore della termodinamica. Come si può vedere, proveniva da una delle famiglie più in vista dell'intera Francia. Fu deputato, ministro e, dal 1887, presidente della Repubblica Francese. Dopo aver studiato alla prestigiosa *École Polytechnique*, che peraltro era stata creata proprio da suo nonno, proseguirà gli studi tecnici alla *École des Ponts et Chaussées*, presso la quale si diplomerà nel 1863 (tale diploma è equiparabile a una laurea in ingegneria civile). Fu dapprima segretario aggiunto presso il *Conseil supérieur des Ponts-et-Chaussées*, per essere poi nominato ingegnere capo del dipartimento dell'Alta Savoia. Nel 1874 progetta e fa costruire il famoso sistema di regolazione delle acque in uscita dal lago di Annecy, chiamato ancora oggi "Le chiuse del Thiou", considerato un gioiello tecnico e architettonico. Prefetto del dipartimento della Seine-Inférieure (l'attuale Seine-et-Marne), dopo la caduta del II Impero, venne eletto deputato della Côte d'Or nel 1871, divenendo poi sottosegretario di stato ai Lavori Pubblici e in seguito ministro presso lo stesso dicastero. Infine, ultimo incarico ministeriale, Sadi Carnot fu nominato ministro delle Finanze nel 1886. Dopo le dimissioni del presidente Jules Grévy, pesantemente coinvolto nello "Scandalo delle Decorazioni", Sadi Carnot fu eletto presidente della Repubblica il 3 dicembre 1887. L'inizio del suo mandato fu segnato dall'agitazione bulangista (fu lui a firmare il decreto di pensionamento d'ufficio per il generale Boulanger, ed è quindi ironia della sorte che sia morto per mano di un fornaio – in francese *boulanger*). Nel 1889 fu lui ad inaugurare la famosa Esposizione Universale e l'ancor più famoso suo simbolo, la Torre Eiffel. Nel 1892 rimase coinvolto nello "Scandalo di Panama" e nel 1893 nominò primo ministro il famigerato Casimir-Perier, il quale mise immediatamente in atto le cosiddette "Leggi Scellerate", tese alla più dura repressione nei confronti del sindacalismo e dell'anarchismo; rifiutando di graziare l'anarchico Ravachol (un tintore di 33 anni il cui vero nome era François Koenigstein e che era stato ghigliottinato a Montbrison l'11 luglio 1892 perché colpevole di una serie di attentati), Sadi Carnot firmò anche la propria condanna a morte, venendo assassinato dall'anarchico italiano Sante Caserio il

24 giugno 1894. Per le notizie precedenti, cfr., da ultimo, P. HARISMENDY, *Sadi Carnot: l'ingénieur de la République*, Paris, Perrin, 1995.

[95] Leggendo queste parole non si può non pensare che De Roberto voglia negare anche a se stesso la presenza di esempi che contrastano totalmente con la sua apodittica affermazione, come ad esempio – in poesia – i casi di Carducci e di Pascoli, accademici di fama e al contempo grandissimi poeti. Un caso di falsa coscienza che forse, con un pizzico d'ipocrisia, nasconde l'invidia verso chi aveva avuto accesso alla carriera universitaria. Del resto, l'adesione derobertiana al verismo e alla teoria dell'impersonalità comportò l'adozione di un linguaggio e uno stile appunto antiletterari e antiaccademici che, adeguandosi alla psicologia e alla condizione sociale dei personaggi, si richiamavano alla sintassi dialettale, ma non escludevano la contenuta partecipazione dell'autore alle vicende e l'atteggiamento critico nei confronti di una società, quella borghese, cui pure non si riconoscono alternative. Su tali atteggiamenti, almeno in campo ideologico e filosofico, si leggano le illuminanti pagine di P.P. OTTONELLO, *Anti accademici e maledetti: o la consunzione della filosofia*, Padova, Marsilio, 2004 (dove se ne parla anche in riferimento all'Ottocento e al primo Novecento).

[96] Wilson avrebbe assolutamente criticato De Roberto per l'uso improprio del termine "confederazione" al posto di quello, corretto, di "federazione". Accanto agli organismi internazionali creati per trattato, infatti, queste forme associative di governo costituirono le forme più comuni di organizzazioni sovrastatali. È vero che i due termini vengono spesso usati come sinonimi, ma nel linguaggio giuridico e politico essi designano entità molto diverse. La confederazione, a differenza della federazione, non dà luogo a una nuova formazione statale; gli organi confederali non posseggono una sovranità diretta nei confronti dei cittadini dei singoli stati che formano la confederazione stessa; d'altra parte la confederazione può essere un soggetto del diritto internazionale e della politica internazionale ed entrare in rapporti con altri stati singoli, ma gli stati confederati mantengono una piena sovranità e non perdono il

diritto di separarsi dalla confederazione o di aderire autonomamente ad altre organizzazioni internazionali. Al contrario, la federazione è uno stato vero e proprio: i cittadini sono direttamente soggetti sia ai poteri federali che a quelli del singolo stato di appartenenza; gli stati federati, d'altra parte, non sono soggetti del diritto internazionale e non hanno una propria politica estera. Gli Stati Uniti d'America erano inizialmente organizzati come confederazione in base agli "Articles of Confederation" e successivamente sono divenuti una federazione con la ratifica dell'attuale costituzione nel 1787. La Guerra di secessione americana, certamente conosciuta dal De Roberto, è stata una conseguenza della formazione degli Stati Confederati da parte di alcuni Stati americani alleatisi tra loro con l'intento di costituire un'unione politica meno vincolante e mantenere maggiore autonomia statale. In effetti le confederazioni appaiono degli organismi instabili, che evolvono verso la federazione o nei quali si riaffermano le singole sovranità statali sugli organismi confederali. La differenza fra le autonomie regionali e le autonomie degli stati federali è invece di solito netta, perché questi ultimi conservano spesso tutti i poteri, tranne quelli relativi alla politica estera, alla difesa e alla politica monetaria ed economica. Il caso degli Stati Uniti d'America è molto significativo: mentre i seggi della Camera dei rappresentanti sono suddivisi fra i singoli Stati in proporzione alla loro popolazione, tutti gli Stati hanno uguale peso politico all'interno del Senato, che sulle competenze federali ha un peso molto maggiore rispetto all'altro ramo del Congresso, essendo rappresentato ciascuno dallo stesso numero di senatori, che sono due. Su tali questioni, cfr. G. LOCATELLO, *Federazione e confederazione di stati*, Torino, UTET, s.a [ma 1959?].

[97] Il libro recensito è, come detto in precedenza, F. RUFFINI, *Il presidente Wilson*, Milano, Treves, 1919.

[98] Questo personaggio ("Santon" nel testo originale, la correzione appare dovuta) dovrebbe identificarsi con il giornalista americano Theodore Stanton (1851 – 1925). Costui fu corrispondente in Europa per varie testate americane (*New York Tribune, North American*

Review, Associated Press, etc.), nonché componente della giuria per i premi dell'Exposition Universelle di Parigi del 1889. Scrisse diversi testi, sia di sostegno alla lotta delle "suffragette" (e vedi T. STANTON, *The woman question in Europe: a series of original essays edited by Theodore Stanton; with an introd. by Frances Power Cobbe*, London, S. Low, Marston, Searle, and Rivington, 1884), sia di tipo biografico (cfr. F.J. LE GOFF, *The life of Louis Adolphe Thiers, translated from the unpublished manuscript by Th. Stanton*, New York, Putnam's Sons, 1879). Come inviato internazionale, Stanton seguì a Rennes il processo Dreyfus (e cfr. C. COSNIER – A. HÉLARD, *Rennes et Dreyfus en 1899: une ville, un procès*, Paris, Horay, 1999, p. 264, n. 2). Su di lui, si veda anche l'anonimo "Doings of Americans in France", in *The New York Times*, 29 settembre 1903, p. 4, dov'è citato come uno degli appartenenti al "Board of Governors" per la fondazione dell'*American Club* di Nizza. Di Wilson si parla anche in "Literary Scouting in Paris", in *The North American Review*, 1920, vol. 211, n. 774 (May, 1920), pp. 691 – 698, ma con ogni probabilità De Roberto lesse il testo da lui citato in qualcuno dei numerosi articoli che lo Stanton pubblico per il "Mercure de France".

[99] Il personaggio citato da De Roberto è, con ogni probabilità, Thomas Power O'Connor (1848 – 1929), conosciuto come T. P. O'Connor e alcune volte come Tay Pay. Nato a Athlone, studiò all'Istituto dell'Immacolata Concezione della sua città, e al Queen's College di Galway, dove vinse la borsa di studio in storia e lingue moderne e si costruì una reputazione di oratore, soprattutto nel periodo in cui fu revisore presso la *Literary and Debating Society* dell'Istituto. Nel 1867 iniziò l'attività giornalistica come giovane reporter del "Saunders' Newsletter", un giornale di Dublino. Nel 1870 si trasferì a Londra e fu nominato redattore del "Daily Telegraph", distinguendosi come inviato speciale durante la guerra franco-prussiana. Successivamente divenne corrispondente di Londra per il "New-York Herald". Nel 1855, O'Connor sposò Elizabeth Paschal, la figlia di un giudice della Corte Suprema del Texas, e questo spiega anche il perché dei suoi interessi per la politica e la letteratura d'oltreoceano. Nel 1880 O'Connor fu eletto

Membro del Parlamento per il quartiere di Galway, come rappresentante della lega dell'autogoverno di Charles Stewart Parnell. Nel 1885, nelle successive elezioni generali, fu confermato sia per il collegio elettorale di Galaway che per quello di Liverpool, dove votavano un gran numero di irlandesi; scelse di sedere come deputato di Liverpool (l'unico che abbia mai eletto un irlandese in parlamento al di fuori della madre patria) e rappresentò quel collegio elettorale alla Camera dei Comuni dal 1885 fino alla sua morte, avvenuta nel 1929. La sua attività di deputato non gli impedì di diventare notista politico per per il giornale "Pall Mall", ma il culmine della sua carriera parlamentale si ebbe proprio nell'anno della sua morte, quando venne nominato "Padre della Camera dei Comuni" grazie al suo servizio ininterrotto di 49 anni e 215 giorni. Da notare, a margine che la vittoria del Siun Fein del 1918 cancellò dall'agone politico il Partito Nazionalista Irlandese, tanto che, da quella data in poi, O' Connor sedette in Parlamento come indipendente, preferendo poi rimanere alla House of Commons quando, nel 1922 l'Irlanda ebbe l'indipendenza e fu creato il "Dáil Éireann", primo organismo monocamerale della nuova repubblica irlandese. O'Connor fondò e fu il primo redattore di molti giornali e riviste: "The Star" (1887), "The Weekly Sun" (1891), "The Sun" (1893), "M.A.P. and T.P.'s Weekly" (1902). Nel 1917 fu nominato Primo Presidente del *Board of Film Censors* (un'organizzazione che si occupava del controllo sulle opere cinematografiche) e nel 1924 venne cooptato nel *Privy Council* (una sorta di "comitatum principis" ove erano compresi tutti i più stretti consiglieri del monaca) dal primo governo Laburista. Fu anche socio del *Chartered Institute of Journalists*, il più antico albo professionale di cronisti esistente al mondo, che continua ad onorarlo con un fondo di solidarietà intitolato a suo nome. O'Connor fu anche autore di una serie di libri, principalmente biografici, di cui si ricordano: *Lord Beaconsfield – A Biography* (1879); *The Parnell Movement* (1886); *Gladstone's House of Commons*; *Napoleon*; *The Phantom Millions*; and *Memoirs of an Old Parliamentarian* (1929).. Su di lui, cfr., definitivamente, F.B. HICKS JR., *Thomas Power O'Connor, 1849 – 1929,* voll. 2, Department of History, University of Chicago, 1987.

[100] Maxime Leon Joseph Auguste Laurent Leroy (1873 – 1957), avvocato e storico sociale francese, studiò a Nancy, dove conseguì un dottorato in 1898. Amico di Victor Griffuelhes e di Alphonse Merrheim, nelle sue prime opere ha analizzato lo sviluppo del sindacalismo e il suo impatto giuridico e sociale. In 1909 ha fondato a Soorts-Hossegor la "Società degli Amici del Lago", cui facevano capo gli scrittori J.H. Rosny Jeune, Paul Margueritte e Gaston Chérau. Membro della "Lega Universale dei Diritti Umani" e sostenitore della "Società delle Nazioni", partecipò a numerosi incontri internazionali e fu in corrispondenza con Freud e H. G. Wells. Da 1937 insegnò presso la "Ecole Libre des Sciences Politiques". Il suo testo più importante è *Histoire sociale des idées en France*, comparso in tre volumi tra il 1946 e 1954. Il Leroy curò anche, per i tipi della "Bibliothèque de la Pléiade", il *Port Royal* di Sainte-Beuve, pubblicato nel 1953. Venne inoltre eletto membro della prestigiosa *Académie des sciences morales et politiques* nel 1954. Su di lui cfr. J.C. DROUIN, *Un homme de lettres à Hossegor, Maxime Leroy 1873 – 1957*, Hossegor, Editons Lac et Landes, 2004.

[101] Il nome è errato: si tratta infatti del reverendo Thomas Woodrow (1793 – 1877). Quest'ultimo, nato a Paisley ma vissuto quasi sempre a Carlisle (dove esercitò il suo ufficio sacerdotale dal 1820 al 1835), emigrò negli Stati Uniti nel 1836. Diresse varie parrocchie nel Ohio, in particolare a Chillicothe, per poi diventare pastore della Prima Chiesa Presbiteriana di Nicholasville, nel Kentucky. Tornato definitivamente nell'Ohio, a partire dal 1865 si ritirò da ogni incarico religioso. Thomas Woodrow, come il suo quasi omonimo nipote, era uno studioso raffinato, un buon predicatore, e soprattutto un uomo assai pio e assai devoto alla causa presbiteriana. Era conservatore, ma nei suoi sermoni sapeva utilizzare un linguaggio semplice e pieno di fede, soffermandosi spesso sui messaggi più importanti contenuti nel Nuovo Testamento. Ciò lo avvicina al suo più famoso discendente, che lo stimò e ne subì l'influsso per tutta la vita. Per queste notizie, cfr. W. BAYARD HALE, *Woodrow Wilson: the story of his life*, Garden City, Doubleday Page & Co, 1912, pp. 16 – 20.

L'episodio descritto da De Roberto si trova originariamente qui (cfr. pp. 17 ss.gg.) e tuttavia lo scrittore siciliano lo cita sicuramente di seconda mano, forse consultando gli articoli elogiativi scritti da Theodore Stanton sul "Mercure de France".

Finito di stampare a marzo 2014
Seconda Edizione
ISBN 978-1-291-79012-2

www.ingramcontent.com/pod-product-compliance
Lightning Source LLC
Chambersburg PA
CBHW061302280526
45784CB00002B/861